C와 Fortran 예제로 배우는

병렬 프로그래밍

OpenMP, MPI, CUDA

김영태 지음

도서출판 홍릉

저자소개

김영태

- 1986년 연세대학교 수학과 학사
- 1996년 미국 Iowa State University, Department of Computer Science, Ph. D.
- 2006년 미국 NIH(National Institutes of Health) 방문 연구원
- 기상청 슈퍼컴퓨터 4호기(2015년) 및 5호기(2021년) 도입 전문위원
- 1998년~현재 국립강릉원주대학교 컴퓨터공학과 재직 중
- 다수의 기상 예보용 수치 모델 병렬화

C와 Fotran 예제로 배우는

병렬 프로그래밍

인 쇄 : 2023년 5월 23일 초판 1쇄
발 행 : 2023년 5월 30일 초판 1쇄

저 자 : 김영태
발행인 : 송 준
발행처 : 도서출판 홍릉
주 소 : 01093 서울시 강북구 인수봉로 50길 10
등 록 : 1976년 10월 21일 제5-66호

전 화 : 02-999-2274~5, 903-7037
팩 스 : 02-905-6729
e-mail : hongpub@hongpub.co.kr
http://www.hongpub.co.kr
ISBN : 979-11-5600-106-5(93000)

정 가 : 19,000원

머 리 말

이 책은 병렬 처리를 위한 프로그램 방식을 병렬 컴퓨터의 메모리 분산 형태에 따라 OpenMP와 MPI(Message Passing Interface) 그리고 그래픽 지원 장치인 GPU(Graphical Processing Unit)에서 일반 연산을 실행할 수 있는 CUDA 프로그래밍에 대하여 설명한다. 이 책에서 다루는 각 영역은 내용이 모두 방대하지만 저자의 오랜 연구와 강의 경험을 바탕으로 실제 병렬 프로그램에서 주로 사용되는 내용을 예제 위주로 요약하여 기술하였다.

예제에서 사용하는 병렬 프로그램 언어는 C 언어를 기본으로 하고 있으며 Fortran 언어도 중복적으로 설명하여 과학 분야의 수치계산 프로그램에서 많이 사용되는 Fortran 언어의 사용자도 병렬 프로그램을 이해할 수 있도록 하였다. Fortran 언어는 Fortran90을 기준으로 하였다.

이 책의 구성은 다음과 같다.

- 1장은 병렬 컴퓨터의 하드웨어와 관련된 소프트웨어 그리고 컴퓨터 프로그램의 성능 분석에 대하여 간단히 설명한다.

- 2장은 공유 메모리형의 병렬 컴퓨터에서 실행할 수 있는 OpenMP를 사용한 프로그래밍 방식을 설명한다.

- 3장은 공유 및 분산 메모리형의 모든 병렬 컴퓨터에서 실행할 수 있는 MPI를 사용한 병렬 프로그래밍 방식을 설명한다.

- 4장은 그래픽 장치인 GPU에서 일반 연산 프로그램의 실행이 가능하도록 Nvidia사에서 제공하는 CUDA를 사용한 프로그래밍 방식을 설명한다.

이 책의 독자는 C 혹은 Fortran 언어에 대한 기초 지식을 필요로 한다. 이 책을 통하여 병렬 처리를 위한 프로그램에 관심이 있는 개발자 및 고속 계산 프로그램이 필요한 현업의 전문가들에게 많은 도움이 되기를 바란다.

차 례

Chapter

병렬 프로그래밍

1.1 병렬 컴퓨터

1.1.1 병렬 처리(Parallel processing)

컴퓨터가 최초에 발명된 이후에 중앙처리장치(CPU, Central Processing Unit)는 계산 시간의 단축을 최우선의 목표로 발달하고 있다. 1965년에 인텔의 고든 무어(Gorden Moore)가 18개월 간격으로 컴퓨터의 칩 밀도가 두 배씩 증가한다는 "무어의 법칙"을 발표하였다. 하지만 전력량과 발열 등의 문제로 인하여 CPU의 개발에는 한계가 있기 때문에 초고속 컴퓨팅 분야에서는 하나의 CPU보다는 여러 개의 CPU를 동시에 사용하여 계산하는 방식으로 발전하고 있다.

병렬 처리(Parallel processing)는 하나의 계산 장치가 수행하는 작업을 여러 계산 장치들이 동시에 작업을 분할 수행함으로써 계산 시간을 단축하는 방식을 말한다. 여러 CPU가 다른 여러 작업을 동시에 수행하는 것은 다중 작업(multi tasking)이라고 하며 이는 병렬 처리와는 전혀 다른 운영체제(Operating System)상의 개념이다. 최근에는 다중 코어의 CPU를 장착한 컴퓨터들이 일반적인데 다중 코어는 여러 작업을 수행하는 데는 계산 성능의 개선이 있지만 하나의 작업을 수행할 때에는 계산 시간의 단축에는 도움이 되지 못한다. 단일 작업의 병렬 처리를 위해서는 기존의 프로그램이 아닌 다른 병렬 프로그램 방식으로 구현하여야 한다. 병렬 프로그램은 C, C++, Fortran 등의 고급 프로그램의 구조와 동일하며 병렬 처리 함수를 표준화된 내장 함수 혹은 라이브러리의 함수를 사용하여 구현한다.

1.1.2 플린의 분류(Flynn's Taxonomy)

1966년도에 마이클 플린(Michael J. Flynn)은 컴퓨터의 형태를 명령어와 처리 데이터의 상관관계에 따라 다음과 같이 분류하였다. 이 분류는 병렬 컴퓨터의 형태를 구분하는 기본적인 방법으로 사용된다.

- SISD(Single Instruction Single Data)

제어 장치(CU, Control Unit)가 메모리로부터 한 번에 하나의 명령을 가져와(fetch) 순서대로 실행할 수 있도록 신호를 전달하는 방식으로 병렬 처리를 고려하지 않은 고전적인 컴퓨터의 형태이다.

- SIMD(Single Instruction Multiple Data)

단일 명령이 여러 데이터에 동시에 적용이 되어 병렬로 실행이 되는 초기(2000년대) 병렬 컴퓨터의 형태이다. 그림 1.1과 같이 하나의 제어 장치가 각각의 메모리를 소유하고 있는 여러 계산 장치(ALU, Arithmetic Logic Unit)를 동시에 제어하여 병렬로 계산을 실행한다.

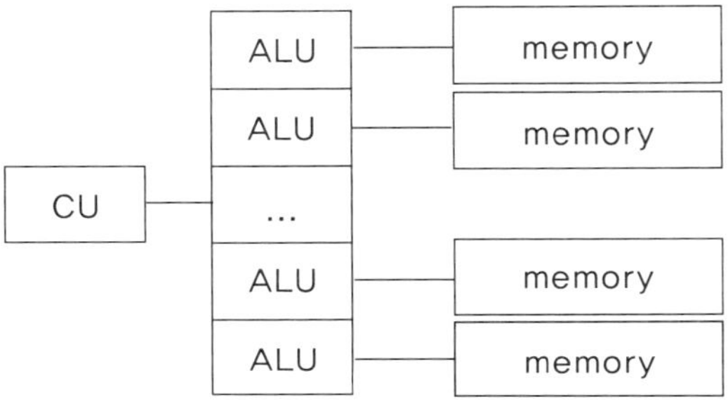

그림 1.1 SIMD 컴퓨터의 형태

SIMD 방식을 사용하는 컴퓨터는 해당 컴퓨터에서만 실행되는 자체적인 프로그램 언어를 사용했기 때문에 표준 방식의 언어를 사용하는 MPI(Message Passing Interface)가 발표되면서 아래에서 설명하는 MIMD 방식으로 대체가 되었다. 병렬 계산에 사용이 되는 GPU(Graphic Processing Unit)도 SIMD와 비슷한 구조이며 Nvidia[1]에서는 이를 SIMT(Single Instruction Multiple Threads)라고 정의한다.

- MISD(Multiple Instructions Single Data)

하나의 데이터에 여러 명령이 실행되는 개념으로서 실제 컴퓨터에는 적용이 되지 않는다.

---

1) 미국의 그래픽 카드 회사

• MIMD(Multiple Instructions Multiple Data)

여러 명령어들이 다른 데이터에 동시에 각각 실행하는 병렬 컴퓨터의 형태이다. 최근의 병렬 컴퓨터는 이 방식을 사용하고 있으며 프로세서들이 메모리를 공유하는 공유 메모리형의 병렬 컴퓨터와 각 프로세서가 분산된 각각의 메모리만 사용하는 분산 메모리형 병렬 컴퓨터가 포함된다.

1.1.3 공유 메모리형 vs. 분산 메모리형 병렬 컴퓨터

1945년도에 폰 노이만(John von Neumann)이 제안한 컴퓨터의 구조(그림 1.2)는 메모리가 중앙처리장치(CPU)와 분리된 형태로서 대부분 컴퓨터가 이 구조로 되어 있다. 폰 노이만 구조의 컴퓨터는 메모리에 프로그램의 실행 코드와 데이터가 함께 저장되는 방식이며, 이는 두 가지의 다른 병렬 컴퓨터 방식인 공유 메모리형과 분산 메모리형을 구분하는 중요한 요소가 된다.

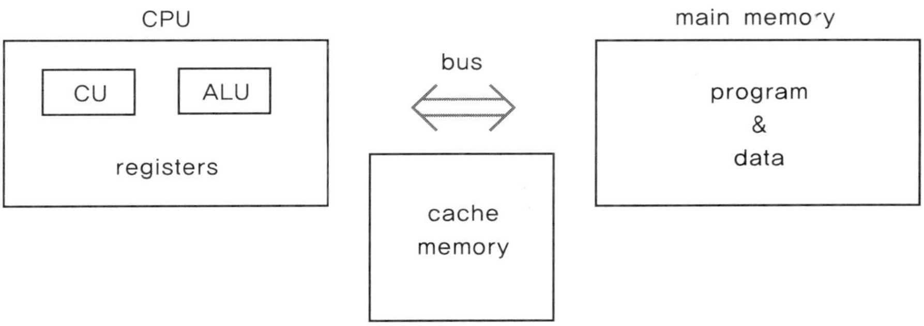

그림 1.2 폰 노이만 구조의 컴퓨터

공유 메모리형(SMP, Shared Memory Processor) 병렬 컴퓨터는 대칭형 메모리 병렬 컴퓨터(SMP, Symmetric Multiprocessor)라고도 불리며 계산 전용 벡터 프로세서 컴퓨터의 개념을 발달시킨 형태이다. 1980년대 초기의 병렬 컴퓨터는 범용 프로세서 외에 벡터 프로세서가 지정한 데이터를 한꺼번에 처리할 수 있었다. 반복 수치계산을 하는 경우 반복 사이에 데이터의 상호 의존이 없을 때 그 규칙적인 반복 계산을 벡터 프로세서가 한꺼번에 수행하는 방식이다. 이 방식은 기존 하나의 프로세서를 대상으로 하는 프로그램을 수정하지 않고 프로그램 내에 벡터 계산을 인식하게 하는 명령을 지시문의 형태로 삽입하여 컴파일러가 이를 인식하여 처리하기 때문에 사용자는 컴퓨터의 구조에 대하여 구체적인 지식이 없이도 컴퓨터의 사용이 가능하다. 하지만 반복 계산이 없는 경우에는 벡터 프로세서의 성능이 떨어진다는 단점이 있다. 최근에는 거의 사용되고 있지는 않지만 지금까지도 Fortran 언어로 구현된 많은 레거시(legacy) 수치 모델[2]의 프로그램에서 흔적을 볼 수 있다.

그림 1.3과 같이 공유 메모리형 병렬 컴퓨터는 벡터 프로세서 대신에 여러 프로세서들(Ⓟ)이 하나의 메모리(Ⓜ)를 공유하고 할당된 영역을 동시에 계산함으로써 계산 성능을 향상시킨다. 공유 메모리형의 병렬 컴퓨터에서 프로세서들은 내부 버스(internal bus)를 통하여 공유하는 메모리의 데이터에 접근하며 하나의 프로세서가 데이터를 사용하는 동안 데이터의 충돌을 막기 위하여 다른 프로세서의 접근을 차단하여야 한다. 따라서 많은 프로세서가 데이터를 동시에 사용할 때는 차례를 기다리는 병목 현상이 발생할 수가 있으며 이는 프로세서 수의 확장에 제한이 되어 성능의 확장성에도 영향을 미치는 요인이 된다. 최근의 다중 코어와 다중 프로세서의 PC가 이러한 형태이다.

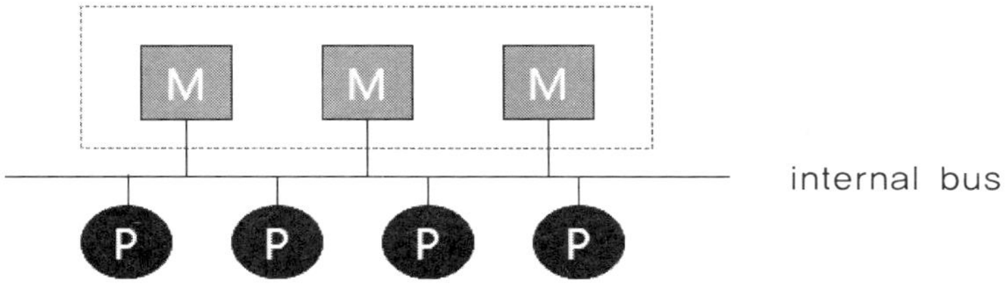

그림 1.3 공유 메모리형 병렬 컴퓨터

분산 메모리형 병렬 컴퓨터(Distributed Memory Parallel Computer)는 MPP(Massive Parallel Processor)라고도 불리며 그림 1.4와 같이 각 프로세서가 각각의 메모리를 따로 가지고 있어서 프로세서 간에는 네트워크를 이용하여 데이터를 교환한다.

---

2) 오랜 기간 동안 개발 및 보완이 된 코드로서 주로 대형 프로그램

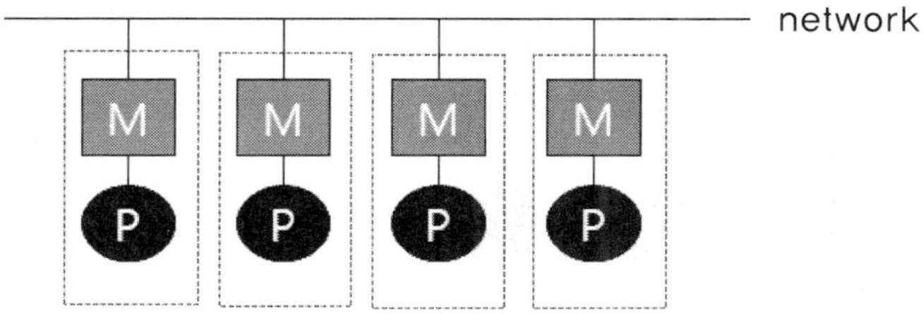

그림 1.4 분산 메모리형 병렬 컴퓨터

분산 메모리형 병렬 컴퓨터는 PC를 네트워크로 연결하여 병렬 컴퓨터로 사용하는 클러스터 컴퓨터가 대표적이다. 각 프로세서가 각각의 메모리를 사용하여 계산하기 때문에 공유 메모리형 병렬 컴퓨터에서 나타나는 병목 현상이 발생하지 않고 프로세서의 개수를 증가시키기가 쉽기 때문에 뛰어난 확장성을 보인다. 대부분 슈퍼컴퓨터는 수만 개 이상의 계산 코어를 사용하는 분산 메모리형의 병렬 컴퓨터이다.

분산 메모리형 병렬 컴퓨터에는 프로세서 간에 공유하는 메모리가 없어서 필요에 따라서 프로세서 간에 데이터의 전송을 위한 통신 부하의 발생이 불가피하다. 따라서 데이터의 전송 시간을 최소화하는 것이 프로그램 성능의 향상에 있어서 중요한 요소 중의 하나이다. 프로세서 간에 데이터를 교환하기 위한 메시지 전송을 위한 방식으로는 MPI(Message Passing Interface)와 PVM(Parallel Virtual Machine)이 있으며 MPI가 PVM보다 표준화되어 있고 사용에 편리한 기능 등을 제공하기 때문에 대부분의 병렬 프로그램에서 사용하고 있다. 메시지 전송을 위한 방식은 3장에서 설명한다.

한편 다중 프로세서를 지원하는 또 다른 장치로서 불균일 기억 장치 접근(NUMA, Non Uniform Memory Access) 장치가 있다. 그림 1.5는 NUMA 장치를 나타내는데 각 NUMA 노드는 지역 메모리를 버스를 통하여 접근하고 다른 노드의 메모리에는 원거리(scalable network)로 접근하는 방식으로서 이는 많은 수의 프로세서를 사용할 때 메모리 접근에 대한 불균형을 줄이기 위한 개념이다.

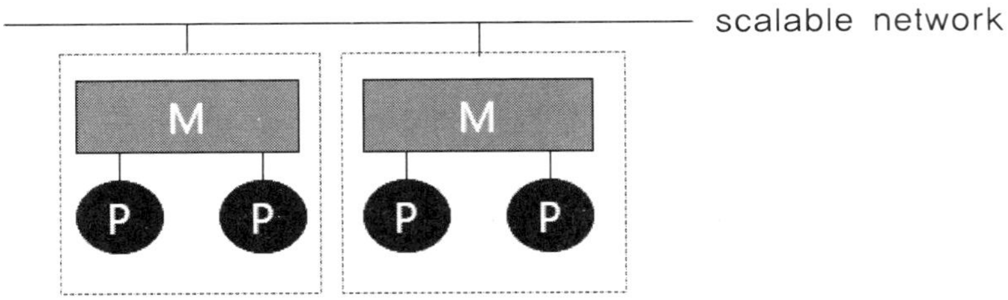

그림 1.5 불균일 기억 장치 접근(NUMA) 장치

NUMA는 공유 메모리 컴퓨터로 분류되며 운영체제, 데이터베이스 및 프로그래밍 언어(예: Java)와 함께 동작한다. 하지만 OpenMP 등에서 NUMA를 사용하기 위한 일부 지원은 있지만 사용에는 어려움이 있다.

1.2 병렬 프로그래밍 언어

초기의 병렬 컴퓨터는 기종마다 다른 프로그래밍 언어를 사용하여 호환이 어려웠었지만 1990년대 중반부터는 C와 Fortran과 같은 일반적인 고급 언어를 사용하여 범용으로 병렬 프로그램을 구현할 수 있게 되었다. 이 책에서 사용하는 병렬 프로그램 방식인 OpenMP, MPI, CUDA는 모두 C와 Fortran 프로그램으로 구현할 수 있다.

1.2.1 데이터 병렬 방식(Data parallelism)

데이터 병렬 방식은 프로세스들이 처리하는 데이터에 중점을 두는 방식으로서 반복 수준 병렬 방식(loop-level parallelism)이라고도 불린다. 다음 프로그램은 데이터 병렬 방식의 프로그램 예이다.

```
int private_x;
shared int sum;
sum = 0;
sum = sum + private_x;
```

변수 private_x는 각 프로세서의 메모리 영역에 정의된 변수이고 sum은 모든 프로세스들이 공유하는 변수이다. 프로그램에서 private_x의 값을 sum에 더할 경우에는 여러 프로세스들이 하나의 변수 private_x에 접근하기 때문에 한 번에 하나의 프로세스만 접근을 허락하여야 정확한 값을 계산할 수 있다. 따라서 이 문장을 실행하기 위해서는 운영체제에서 접근을 위한 제어를 하여야 한다. 이에 대한 자세한 내용은 2장에서 다룬다.

데이터 병렬 방식은 하나의 명령으로 여러 개의 프로세스가 규칙적으로 분할된 데이터에 접근하여 명령어를 처리하는 가장 쉬운 병렬 프로그램 방식이다. 이 방식은 프로세스들이 병렬 실행해야 한다는 것을 프로그램에 지시문으로 표시하면 컴파일러가 실행 파일에 병렬 명령어를 삽입하는 방식이다. 2장에서 설명하는 OpenMP 방식의 프로그램이 대표적이며, 다음 절의 작업 병렬 방식에서 다중 운영체제를 사용할 수 있는 것과는 다르게 단일 운영체제에서의 컴퓨터를 사용하는 것과 같아서 병렬 프로그램의 구현이 비교적 쉽다는 장점이 있다. 프로세스들이 데이터를 공유하기 때문에 프로세스 간의 데이터 전송을 고려하지 않아도 되지만 반면에 데이터의 구조가 규칙적이지 않으면 데이터를 병렬로 프로세스들에 적용하기 어려워지는 단점이 있고 주로 반복문에만 부분적으로 적용이 되기 때문에 성능 향상에 제약이 있을 수 있다(Amdahl의 법칙[3]).

1.2.2 작업 병렬 방식(Task parallelism)

작업 병렬 방식은 프로그램의 명령어들을 각 프로세스에 제공하여 병렬로 실행하는 방식으로서 제어 병렬 방식(Control Parallelism) 혹은 메시지 전송(Message Passing) 방식으로도 불린다. 이 방식은 분산 메모리형의 컴퓨터에서 주로 사용되는 방식으로서 프로세스가 데이터를 서로 주고받기 위한 명령을 함수의 형태로 호출하기 때문에 네트워크 프로그래밍과 유사하다. 다음은 작업 병렬 방식(메시지 전송) 프로그램의 예이다.

3) 병렬 컴퓨터의 성능에 대한 법칙으로서 2장에서 설명한다.

```
int x;
if (pid == 0)
    MPI_Send(x, 1, ...);
else (pid == 1)
    MPI_Recv(x, 0, ...);
```

프로그램에서는 동시에 실행하는 프로세스들은 pid라는 고유 ID 변수로 실행문을 구분한다. 변수 x는 프로세스마다 다른 값을 가지며 이 값을 다른 프로세스에서 사용하기 위해서는 전송하여야 한다. 위 프로그램에서는 pid가 0인 프로세스가 pid가 1인 프로세스로 변수 x를 전송하는 프로그램으로서 두 프로세스는 프로그램을 따로 실행하여야 한다.

메시지(데이터)의 교환을 위해서는 프로그램 작성 시에 사용자가 데이터의 크기, 형태 및 전송 방향 등을 모두 서술해야 하기 때문에 프로그램의 구현이 복잡하다는 단점이 있다. 반면에 정확한 메시지 교환에 대한 구체적인 내용을 기술할 수 있고 프로그램이 처음부터 마지막까지 전체적으로 병렬 프로그램이 구현되기 때문에 공유 메모리형의 프로그램과는 달리 Amdahl 법칙의 제한을 받지 않아 프로그램의 성능이 향상된다는 장점이 있다.

대표적인 메시지 전송 인터페이스로는 MPI와 PVM이 있다. MPI에 앞서 개발된 PVM은 병렬 프로그램의 인터페이스로서 초기에 사용되었지만 MPI가 조금 더 효율적이고 표준화된 인터페이스로서 대표적으로 사용되고 있다. MPI는 1990년대에 미국을 중심으로 연구소, 대학, 컴퓨터 업체들의 전문가들로 구성된 국제 MPI 포럼을 통해 개발되었다. MPI는 분산 및 병렬 환경을 제공하는 이식성 라이브러리로서 통신에서의 TCP 소켓과 UNIX의 RSH(Remote Shell)을 이용하여 서로 다른 프로세스 간의 통신을 라이브러리의 형태로 제공한다. MPI는 버퍼링, 송수신 등 비동기 통신에서의 메시지 전송을 위한 기능들을 제공하여 C 및 Fortran 등 고급 프로그래밍 언어에서 직접 이용할 수 있다. 또한 MPI를 이용하여 구현된 병렬 프로그램은 상업용 슈퍼컴퓨터에서도 사용할 수 있는 이식성이 있다. MPI는 여러 구현 버전이 있으며 이 중 가장 많이 사용되는 것은 미국 알곤국립연구소와 미시시피주립대학교에서 개발한 MPICH와 오하이오주립대학교의 슈퍼컴퓨터센터에서 개발한 LAM 등이 있으며, MPICH가 주로 사용이 되고 있다. MPI의 사용에 대해서는 3장에서 자세히 설명한다.

MPI를 이용하여 구현된 병렬 프로그램은 분산 메모리형의 병렬 컴퓨터뿐만 아니라 운영체제의 다중 작업(multitasking) 기능으로 공유 메모리형의 컴퓨터에서도 실행될 수 있다(표 1.1 참조). 공유 메모리형의 병렬 컴퓨터에서 여러 프로세스가 독립적으로 실행할 때에는 메모리를 분할하여 독립적인 영역을 사용하기 때문에 프로세스(스레드[4]) 사이에서의 데이터 송수신은 공유 메모리상에서 이루어지게 된다.

표 1.1 병렬 컴퓨터와 병렬 프로그램 방식의 관계

프로그래밍 / 병렬 컴퓨터	데이터병렬 언어 (OpenMP)	메시지 전송 (MPI)
공유 메모리형	가능	가능
분산 메모리형	불가능	가능

최근에는 대부분 프로세서가 다중 코어로 구성되기 때문에 분산 메모리형의 병렬 컴퓨터는 공유 메모리형과의 혼합형이 일반적인 형태이다. 따라서 OpenMP와 MPI의 혼합형 병렬 프로그램도 가능하다. 하지만 동일한 계산을 하는 프로그램의 경우에는 OpenMP 프로그램과 MPI 프로그램 간에는 계산 성능의 큰 차이가 없고, MPI 프로그램은 OpenMP 병렬 프로그램과는 달리 실행하는 기종의 제약이 없기 때문에 MPI만을 사용하여 병렬 프로그램을 구현해도 모든 병렬 컴퓨터에서 효율적으로 실행될 수 있다.

1.3 성능 분석

컴퓨터의 성능 향상은 크게 계산 시간의 단축과 저장 용량의 증가를 목적으로 한다. 이 중 병렬 컴퓨팅의 목적은 계산 시간의 단축이다. 이 절에서는 컴퓨터의 계산 시간과 이에 따른 성능에 대해서 주로 설명한다.

---

4) 컴퓨팅을 위하여 분할된 작업의 단위

1.3.1 실행 시간

컴퓨터 프로그램의 실행 시간은 작업을 완료하기 위하여 경과된 시간을 의미하며, 실행 시간은 가장 대표적인 성능의 지표이다. 일반적으로 실행 시간은 작을수록 성능이 높음을 의미하기 때문에 성능과 서로 반비례 관계를 갖는다.

$$executiontime = \frac{1}{performance}$$

예를 들어, 컴퓨터 A가 프로그램을 10초에 실행하고 컴퓨터 B가 동일한 프로그램을 15초에 실행한다고 가정하면 컴퓨터 A는 B보다 1.5배 빠르다고 말한다.

$$\frac{performance\_A}{performance\_B} = \frac{executiontime\_B}{executiontime\_A} = \frac{15}{10} = 1.5$$

시간 측정의 가장 쉬운 방법은 Linux 운영체제에서 제공하는 time 명령이다. 하지만 time 명령은 프로그램 전체의 실행 시간만을 측정할 수 있기 때문에 다음과 같이 C 프로그램 함수인 gettimeofday()를 사용하면 필요한 부분만큼 실행 시간을 측정할 수 있어서 효과적이다.

```
#include <sys/time.h>
long millisecond()
{
   struct timeval tv
   gettimeofday(&tv, NULL);
   return(1000*tv.tv_sec + tv.tv_usec/1000);
}
```

C 함수인 gettimeofday()는 1970-1-1 00:00 일시를 기점으로 현재까지의 경과 시간을 초(tv.sec)와 마이크로초(tv_usec)를 사용하여 표현한다. 따라서 다음 함수를 호출하면 밀리초(msec) 단위의 타임 스탬프(time stamp) 값을 계산할 수 있다.

C 프로그램에서는 다음과 같이 시작과 끝에 함수를 두 번 호출하여 경과 시간을 계산할 수 있다.

```
long start, stop;
start = millisecond();
...
stop = millisecond();
printf("elapsed time: %ld milliseconds ₩n", stop-start);
```

Fortran 프로그램에서 이 함수를 사용하기 위해서는(GNU 컴파일러를 사용할 경우에는) 위 함수에서 millisecond() 대신에 millisecond_()로 변경하여 컴파일하여야 한다. 다른 컴파일러의 경우에는 함수명에 대한 해당 규칙을 적용하면 된다.

1.3.2 이론적 계산 시간

컴퓨터에서 프로그램을 직접 실행하지 않고 실행 시간을 예측할 필요가 있다. 이때 CPU의 성능을 나타내는 프로그램의 분석을 통해 명령어의 실행에 필요한 클럭 싸이클(clock cycle) 수의 상관관계를 계산하여 이론적인 계산 시간을 예측할 수 있다. 다음 식과 같이 계산 시간은 프로그램에서 필요한 클럭 싸이클의 수와 각 클럭 싸이클의 시간을 곱하면 된다. 클럭 싸이클의 시간은 CPU의 성능을 나타내는 클럭 레이트(clock rate, 싸이클/초(Hz))의 역수를 사용할 수도 있다.

$$\begin{aligned} CPU\,Time &= CPU\,Clock\,Cycles \times Clock\,Cycle\,Time \\ &= \frac{CPU\,Clock\,Cycles}{Clock\,Rate} \end{aligned}$$

다음 예제는 프로그램의 이론 시간을 계산하는 방식을 보여준다.

예제 1-1

컴퓨터 CPU의 성능(clock rate)은 800MHz이고, MULT 명령은 4 클럭 싸이클, ADD 명령은 2

클럭 싸이클을 필요로 한다. 다음 프로그램의 이론적인 실행 시간을 계산하라.

```
// dot product program
dot = 0.0;
for (i=0: i<200; i++)
    dot += A[i]*B[i];
```

전체 계산에 필요한 클럭 싸이클의 수는 $200 \times (4+2)$이고, CPU의 성능은 800×10^6 싸이클/초이다. 따라서 실행 시간의 계산은 다음과 같다.

$$CPU\ time = \frac{200 \times (4+2)}{800 \times 10^6} = 1.5 \times 10^6 (seconds)$$

다음 식과 같이 명령문 당 클럭 싸이클의 수(CPI, Clock Cycles Per Instruction)와 명령문(instruction)의 수를 사용하여 프로그램의 이론적 성능을 계산할 수도 있다. 여기에서 명령문은 기계어(어셈블리어)의 한 실행 문장을 말한다.

$$Clock\ Cycles = Instruction\ Count \times CPI$$

다음 예제 1.2는 예제 1.1보다 일반적 경우로서 CPI를 사용하여 이론적 성능을 계산하는 방식을 보여준다.

◀ 예제 1-2 ▶

컴퓨터 명령 당 클럭 싸이클에 대한 정보는 다음 표와 같다. 프로그램의 전체 명령어의 수는 1,000,000이고 CPU의 성능은 1.0 GHz이다. 이 프로그램의 이론적인 실행 시간은 얼마인가?

명령어	빈도수	clock cycle의 수
ALU	43%	1
LOAD	21%	2
STORE	12%	2
BRANCHES	24%	2

먼저 프로그램을 실행하기 위한 전체 클럭 싸이클의 수는 다음과 같다.

$$\begin{aligned} CPU\ cycles &= 1000000 \times (0.43 \times 1 + 0.21 \times 2 + 0.12 \times 2 + 0.24 \times 2) \\ &= 1.57 \times 10^{-6} \end{aligned}$$

이론 실행 시간은 CPU의 초당 실행 가능한 클럭 싸이클의 수로 나누면 된다.

$$CPU\ time = \frac{1.57 \times 10^{-6}}{1.0 \times 10^{9}} = 1.57 \times 10^{-3}(seconds)$$

1.3.3 실행 성능 – FLOPS

컴퓨터의 성능을 나타낼 때 실행 시간은 절대적인 값으로서 상대적으로 성능을 비교하기에 어려움이 있다. 이때 계산 시간 대신에 성능을 표현하는 방식으로서 초당 계산할 수 있는 실수 연산의 수인 FLOPS(Floating-Point Operations Per Second)를 사용하면 편리하다. 예를 들어 특정 컴퓨터가 "주어진 프로그램을 몇 초에 계산한다"의 표현보다는 "몇 FLOPS의 성능을 갖는다"라고 표현하면 성능을 보다 쉽게 비교할 수 있다. 또한 성능 측정을 목적으로 하는 컴퓨터 프로그램인 벤치마킹(benchmarking) 프로그램을 사용할 때 성능을 FLOPS로 나타내면 쉽게 성능을 알 수 있다. FLOPS는 다음과 같이 프로그램 해당 부분의 실수 연산의 수를 실행 시간으로 나누어 계산한다.

$$FLOPS = \frac{Floating\ point\ operation의\ 수}{execution time}$$

일반적으로 FLOPS로 성능을 표현하면 값이 매우 크기 때문에 MFLOPS(= FLOPS × 10^{-6}), GFLOPS(= FLOPS × 10^{-9}) 등으로 표현한다. 실제로 세계 상위권의 슈퍼컴퓨터는 PetaFLOPS (= FLOPS × 10^{-15})를 사용하여 성능을 표현하고 있다.

◀ 예제 1-3 ▶

다음 프로그램의 실행 시간은 10초이다. N=1,000,000일 때 성능은 몇 MFLOPS인가?

```
dot = 0.0;
for (i=0: i<N; i++)
    dot += A[i]*B[i];
```

반복문에서 부동 연산의 수 MULT와 ADD 2개이므로 전체 연산의 수는 1000000×2이다. 따라서 MFLOPS는 FLOPS 값에 10^{-6}을 곱하여 다음과 같이 계산한다.

$$MFLOPS = \frac{1000000 \times 2}{10} \times 10^{-6} = 0.2$$

한편 FLOPS는 정렬이나 탐색 프로그램과 같이 산술 연산이 없는 경우에는 사용할 수 없고 각 연산 시간의 편차가 큰 경우에는 값이 공정하지 않을 수 있다. 하지만 FLOPS는 성능 분석의 수치 단위 중에 가장 많이 사용되는 단위이다.

연습문제

1. SIMD(Single Instruction Multiple Data)와 SPMD(Single Program Multiple Data)를 각각 설명하라.

2. 공유 메모리형 병렬 컴퓨터와 분산 메모리형 병렬 컴퓨터의 장단점을 설명하라.

3. 공유 메모리형 컴퓨터에서 분산 메모리형의 프로그램 방식인 MPI 프로그램을 실행할 수 있는 이유를 설명하라.

4. 같은 프로그램의 실행 시간이 컴퓨터 A에서 100초 걸리고 컴퓨터 B에서는 300초가 걸렸다.

   (1) A는 B보다 몇 배 더 빠른가?

   (2) A는 B보다 몇 퍼센트 더 빠른가?

5. 다음 프로그램의 이론적인 CPU 시간을 계산하라. MULT 연산은 4 클럭 싸이클, ADD 연산은 클럭 싸이클이 각각 필요하다. $N = 10^9$이고 CPU의 속도는 2.0 GHz이다.

```
sum = 0.0;
for (i=0; i<N; i++) {
     x += dx;
     sum += (x*x+1)*dx;
}
```

6. CPU의 속도가 3 GHz인 컴퓨터가 있다. ADD 계산에는 4 클럭 싸이클이 필요하고 MULT 계산에는 8 클럭 싸이클이 필요하다.

(1) 크기가 1000^3인 2개의 배열 X, Y와 상수 a를 사용하여 Z = a * X + Y를 계산하기 위한 이론적인 계산 시간은 몇 초인가?

(2) 이 프로그램의 이론적인 MFLOPS는 얼마인가?

7. 다음 표는 특정한 소프트웨어의 명령어를 분석한 것이다. 속도가 2.0 GHz인 컴퓨터를 사용할 경우의 CPU time(초)을 계산하라. 프로그램의 전체 명령어의 수는 1,000,000이다.

명령어	빈도	클럭 싸이클의 수
MULT	30%	8
ADD	30%	4
메모리 명령어	40%	2

Chapter

공유 메모리형 병렬 프로그래밍 – OpenMP

OpenMP(Open Multi-Processing)는 공유 메모리형 병렬 컴퓨터 플랫폼에서 실행할 수 있는 병렬 프로그램을 구현하기 위한 API(Application Program Interface)이다. OpenMP 병렬 프로그램은 컴파일러에서 병렬 기능을 지원하기 때문에 비교적 구현이 쉬운 장점이 있는 반면에 병렬 프로그램으로 지정된 부분만을 병렬로 계산하고 나머지는 순차적으로 계산되기 때문에 성능의 효율성은 비교적 제한적일 수 있다. 이 장에서는 병렬 프로그램과의 연관은 없지만 먼저 여러 프로세스가 메모리를 공유하는 프로세스 간 통신(IPC, Inter Process Communi-cation) 프로그램을 통해 여러 프로세스와 메모리를 공유하는 방식에 대해 간략히 설명한다. 이후에 공유 메모리형 병렬 프로그램의 구현을 위한 OpenMP의 주요 사용 방식에 대하여 설명한다.

2.1 | 프로세스 간 통신 프로그램 - IPC

IPC는 운영체제의 관리하에 여러 프로세스가 상호 소통하는 기능을 제공한다. 독립적으로 실행되는 서로 다른 프로세스들은 IPC 함수를 사용하여 메모리를 공유하고 필요한 정보를 전달할 수 있다.

이 절에서는 프로세스들이 메모리를 공유하는 방식을 IPC 프로그램을 통하여 소개한다. 그림 2.1은 IPC 프로그램의 가장 기본적인 기능을 설명한다. 그림에서와 같이 서버 프로그램과 하나 이상의 클라이언트(들) 프로그램은 동일한 키를 사용하여 공유 메모리에 접근한다. 여러 클라이언트가 메모리를 공유하는 과정에서 데이터의 충돌을 방지하기 위해서 서버 프로그램에서는 다중 처리 환경에서 공유 자원에 대한 접근을 제한하는 방식인 세마포어(semaphore)를 명시적으로 사용하여야 한다.

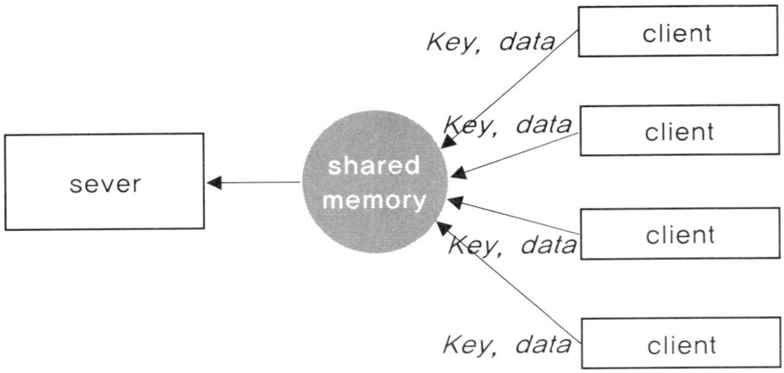

그림 2.1 IPC의 메모리 공유 기능

IPC의 기능을 사용하기 위한 C 프로그램의 주요 함수는 다음과 같다. Fortran 언어의 IPC 프로그램은 C 프로그램과 유사하기 때문에 생략한다.

❶ 시스템 파일 include

```
#include <sys/ipc.h>
#include <sys/shm.h>
```

❷ 키를 사용하여 ID를 생성

주어진 정수형 키값, 공유 메모리의 형태, 파일의 접근 권한 등을 사용하여 공유 메모리에 접근할 수 있는 ID를 생성한다. 아래에서 MEM은 공유하고자 하는 데이터의 형태(배열이나 구조체 등)이며 666은 Linux 운영체제의 파일 접근 권한(rwx - 110110110)을 나타내며, 이 값을 사용하면 모든 사용자가 파일을 읽고 쓸 수 있다.

```
int shm_id
int key;
shm_id = shmget(key, sizeof(MEM), IPC_CREAT|0666);
```

❸ ID를 사용하여 공유 메모리에 접근

ID를 사용하여 공유 메모리의 포인터(shm_addr)를 알 수 있으며 이 메도리(shm)에 원하는 데이터(data)를 읽거나 쓸 수 있다.

```
void *shm_addr
int *shm, data;
shm_addr = (void *)shmat(shm_id, 0, 0);
shm = (int *) shm_addr // shm is a pointer of shared memory
*shm = data // write data into shared memory
```

❹ 공유 메모리의 삭제

```
shmdt((void *)shm_addr)
```

❺ ID의 삭제

```
shmctl(shm_id, IPC_RMID, 0);
```

다음은 동일한 키값을 사용하는 프로그램들이 세마포어를 사용하여 메모리를 공유하는 프로그램이다.

서버 프로그램은 동일한 키값을 사용하는 클라이언트 프로그램이 접근하여 세마포어를 통과하면 해당 데이터를 공유 메모리에 저장한다.

```
typedef struct {
   char s; // semaphore
   int data;
} SHM;

int shm_id;
void *shm_addr;
```

```
SHM *shm;
int key;

int data;
key = ... ;

shm_id = shmget(key, sizeof(SHM), IPC_CREAT|0666);
shm_addr= (void *)shmat(shm_id, 0, 0);
shm = (SHM *)shm_addr;

shm->s = 0;
while(1) {
   while(!shm->s);
   if (shm->s < 0) break;

   data = shm->data;
   shm->s = 0;
}

shmdt((void *)shm_addr);
shmctl(shm_id,IPC_RMID, 0);
```

공유 메모리 SHM은 문자 타입의 세마포어와 데이터를 저장하기 위한 1개의 정수로 이루어진 구조체 형이다. 임의의 키를 사용하여 메모리에 접근하기 위한 ID는 shm_id이고 shm은 공유 메모리의 주소이다. 먼저 세마포어(shm -> s)의 값을 0으로 설정(lock)하고 무한 반복(while(1))을 하면서 다른 프로세스(클라이언트 프로그램)가 공유 메모리 영역에 있는 세마포어에 양수를 저장할 때까지 기다린다(while(!shm -> s)). 클라이언트 프로그램에 의하여 세마포어가 0이 아닌 값으로 바뀌면(unlock) 클라이언트 프로그램이 저장한 공유 메모리의 데이터(shm -> data) 값을 서버 프로그램의 변수인 data에 저장하고 다시 세마포어를 0으로 설정한다(lock). 클라이언트에서 서버 프로그램을 종료하기 위하여 음수의 세마포어 값이 전달되면 반복문(while(1))을 종료할 수 있으며 종료 시에는 공유 메모리와 ID를 삭제하고 프로그램을 마친다.

다음은 서버 프로그램과 소통하여 공유 메모리에 데이터를 저장하는 클라이언트 프로그램이다.

```
int shm_id;
void *shm_addr;
SHM *shm;
int key;

key = ... ;

shm_id = shmget(key,sizeof(SHM),IPC_CREAT|0666);
shm_addr= (void *)shmat(shm_id, 0, 0);
shm = (SHM *)shm_addr;

shm->s = 1;
shm->data = ... ;
```

클라이언트 프로그램은 서버 프로그램에서 사용한 값과 같은 키 값을 사용하여 동일한 함수들을 호출하여 ID(shm_id)와 공유 메모리의 주소(shm)를 설정한다. 클라이언트 프로그램은 세마포어를 설정하지 않기 때문에 비교적 단순하며 세마포어에(shm -> s)에 0보다 큰 정수를 저장(unlock)하면 공유 메모리 데이터(shm -> data)에 임의의 값을 저장할 수 있다. 이때 다른 클라이언트 프로그램이 접근하면 서버의 세마포어 기능에 의하여 클라이언트 프로그램 간에 데이터의 충돌이 방지된다. 서버 프로그램에 정의된 바와 같이 세마포어에 음수를 저장하면 서버 프로그램을 종료시킨다.

2.2 OpenMP

OpenMP의 Fortran 언어를 위한 API는 1997년, C/C++를 위한 API는 1998년에 표되었고 현재 최근의 버전은 5.0이다. OpenMP는 C, C++, Fortran 등의 고급 언어에서 사용 가능하며 Linux, Windows 등의 다양한 운영체제 플랫폼을 지원한다. OpenMP는 컴파일러에서 공유 메모리형 병렬 프로그램의 기능을 지원하고 한 대의 컴퓨터에서 병렬 계산을 실행하기 때문에 컴퓨터의 운영체제에 의존적이다. 따라서 병렬 처리에 대한 지식이 없어도 비교적 쉽게 병렬 프로그램을 구현할 수 있는 장점이 있다.

한편 OpenMP 병렬 프로그램은 순차 프로그램과 동일한 구조에서 pragma 지시문으로 지정된 부분만 병렬로 계산하기 때문에 부분적으로만 성능의 개선 효과를 얻게 된다. 따라서 "병렬 프로그램에서 성능의 향상은 순차의 실행 부분에 제한을 받게 된다"는 Amdahl의 법칙의 적용 받게 된다. Amdahl의 법칙은 다음 식과 같이 최대 성능 향상은 전체 작업 중 p %의 부분에서 s 배의 성능이 향상되었을 때의 값으로 계산이 된다.

$$\text{최대 성능 향상} = \frac{1}{(1-p)+p/s}$$

p : 병렬 계산 부분 (%), s : 성능 개선 (speedup, 배)

예를 들어 프로그램의 90 %가 이상적으로 병렬 계산을 하게 되더라도 최대한 10배 (=1/(1-0.9)) 이하로 제한이 된다. 그림 2.2는 병렬 계산의 부분(%)이 프로세서의 수가 증가하더라도 성능 향상(speedup)의 제한을 받는 관계를 보여준다.

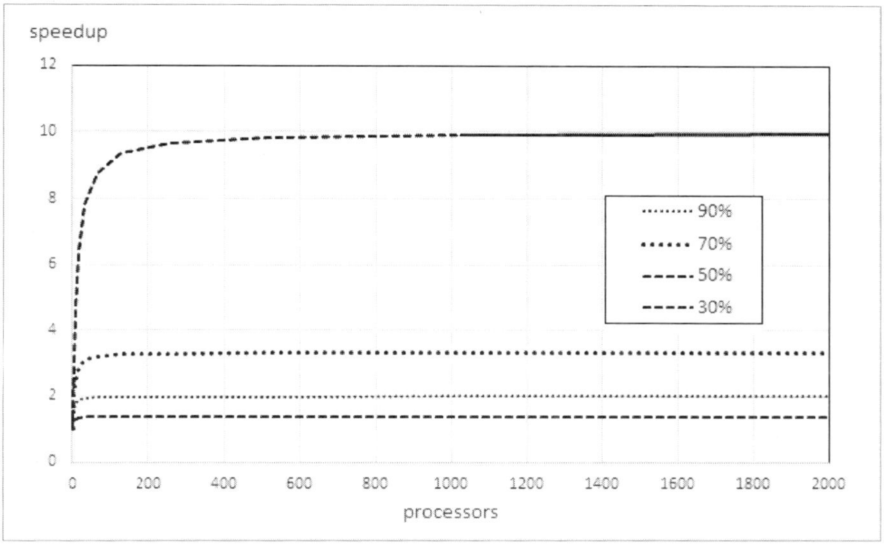

그림 2.2 Amdahl의 법칙

OpenMP 병렬 프로그램은 여러 스레드(thread)[5)]가 메모리의 주소를 공유하고 각 스레드는 할당받은 메모리를 사용하여 모든 스레드가 동시에 계산 함으로써 성능을 높인다. 다음 프로그램과 같이 프로그램 내부에서 pragma 지시문(C 프로그램: #pragma omp, Fortran 프로그램: !$omp pragma)을 사용하면 컴파일러가 해당 블록을 병렬 프로그램으로 인식하고 실행 시에는 병렬로 지정된 여러 스레드들이 동시에 계산할 수 있게 된다. 이 프로그램에서 각 스레드는 반복문을 실행할 때 공유 메모리에 저장된 배열 변수 X, Y, Z의 초기 주소를 사용하여 반복문의 크기를 스레드의 수로 분할하고 각 해당 영역에 접근하여 계산한다. 변수 a는 모든 스레드가 공유한다.

5) OpenMP에서는 하나의 운영체제 상에서 실행이 되기 때문에 "스레드(thread)"라는 용어를 사용한다. 반면에 MPI에서는 독립적으로 분산된 여러 운영체제에서 실행이 되기 때문에 "프로세스(process)" 용어를 사용한다.

• C 프로그램

```
#pragma omp parallel for
for (i=0; i<N; i++)
    Z[i] = a * X[i] + Y[i];
```

• Fortran 프로그램

```
!$omp parallel do
    do i=1, N
       Z(i) = a * X(i) + Y(i)
    enddo
```

그림 2.3은 프로그램의 실행 시에 예를 들어 4개의 스레드를 사용하는 경우에 공유 메모리를 분할하는 과정을 나타낸다. 프로그램은 pragma 지시문을 만나기 전까지는 하나의 스레드(master thread)가 순차적으로 실행하다가 pragma로 정의된 지점부터 4개의 스레드가 해당 부분을 병렬로 계산(fork)한다. 해당 블록의 종료 후(join)에는 다시 하나의 스레드가 프로그램을 계속 진행한다.

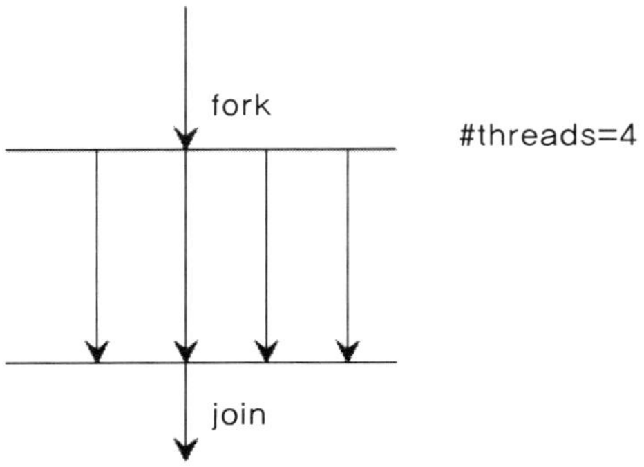

그림 2.3 OpenMP의 메모리 분할

컴파일러는 GNU C 컴파일러를 사용하고 프로그램명은 prog.c이라고 가정할 경우, OpenMP를 사용하는 병렬 C 프로그램의 컴파일 방식은 다음 명령과 같다. GNU 컴파일러를 사용하는 Fortran 프로그램의 컴파일 방식도 동일하다. 만약에 -fopenmp 옵션을 사용하지 않으면 pragma 지시문은 무시되며 일반 순차 프로그램으로 인식이 된다.

```
cc prog.c -fopenmp
```

프로그램의 실행 방식은 순차 프로그램의 명령과 동일하며, 사용하고자 하는 스레드의 수 (N)는 기본적으로 다음과 같이 운영체제 시스템의 환경 변수OMP_NUM_THREADS의 값을 설정한다.

```
(C 쉘)       setenv OMP_NUM_THREADS N
(bash 쉘)    export OMP_NUM_THREADS=N
```

프로그램 내부에서 다음 함수를 사용하여 설정할 수도 있다.

```
(C)          omp_set_num_threads(N)
(Fortran)    call omp_set_num_threads(N)
```

스레드의 수는 병렬 블록에서 지시문을 사용하여 설정할 수도 있으며, 이 경우에는 블록 내에서만 유효하다. 이 방식은 2.3절에서 지시문에 대하여 설명할 때 함께 설명한다. 위에서와 같이 스레드의 수를 지정하면 다음 두 함수는 스레드의 수와 각 스레드의 ID를 0부터 N-1까지 반환하여 준다. 이 함수는 다중 스레드가 병렬로 사용될 때만 유효하기 때문에 다음 절에서 설명하는 OpenMP 병렬 블록 내에서만 다중값을 반환한다.

```
omp_get_num_threads()
omp_get_thread_num()
```

2.3 | OpenMP 병렬 프로그램

2.3.1 병렬 지시문

프로그램에서 OpenMP를 사용하여 블록을 병렬화하기 위해서는 다음의 기본 pragma 지시문을 사용하며, num_threads는 블록에서 사용하는 스레드의 수를 지정한다. 이 옵션을 생략하는 경우는 기본으로 지정된 수의 스레드가 사용된다. Fortran은 블록 구조의 언어가 아니기 때문에 블록을 마치는 지시문을 추가하여야 한다.

```
(C)          #pragma omp parallel [num_threads(#threads)]
(Fortran)    !$omp6) parallel [num_threads(#threads)]
             ...
             !$omp end parallel
```

다음 C 프로그램은 OpenMP 지시문의 사용 예를 보여준다.

```
#include "omp.h"
main()
{
  int nt, tid

  #pragma omp parallel num_threads(8); // set #threads = 8
  {
     nt = omp_get_num_threads();
     tid = omp_get_thread_num();
     printf("Hello World %d %d ₩n", nt, tid);
  }
}
```

---

6) c$omp와 *$omp도 사용할 수 있다.

위 프로그램에서는 8개의 스레드를 사용하였고 하나의 블록을 pragma 지시문을 사용하여 병렬화하였다. 다음은 실행 결과로써 8개의 스레드가 하나의 출력 화면을 사용하기 때문에 출력 순서는 병렬 스레드의 결과로 실행할 때마다 달라질 수 있다.

```
Hello World 8 3
Hello World 8 0
Hello World 8 7
Hello World 8 6
Hello World 8 5
Hello World 8 4
Hello World 8 2
Hello World 8 1
```

다음은 동일한 결과를 출력하는 Fortran 프로그램이다.

```
      integer nt, tid
!$omp parallel num_threads(8)
      nt = omp_get_num_threads()
      tid = omp_get_thread_num()
      print*, nt, tid
!$omp end parallel
```

C 프로그램과 달리 Fortran 프로그램에서 행 고정 방식의 포맷을 사용하여 여러 줄에 지시문을 사용하는 경우에는 두 번째 지시문부터는 !$omp+를 사용하면 된다.

- **private 변수와 shared 변수의 설정**

  병렬 블록 내에서 사용되는 변수는 각 스레드가 고유 영역에 저장하여 개별적인 값을 갖는 private 변수와 모든 스레드가 공유하여 같은 값을 갖는 shared 변수로 구분된다. 변수는 지시문을 통하여 나타내며 default를 사용하면 선언하지 않은 변수를 기본으로 설정할 수 있다.

다음 예제는 private와 shared 변수의 사용 예를 보여준다.

◀ 예제 2-1 ▶

OpenMP를 사용하는 병렬 프로그램에서 모든 스레드의 ID를 더하는 프로그램을 구현하라.

```
int tid, sum=0;
#pragma omp parallel num_threads(4) private(tid) default(shared)
{
   tid = omp_get_thread_num();
   sum = sum + tid;
}
printf("%d ₩n", sum);
```

위 프로그램에서 각 스레드의 고유값인 ID를 나타내는 변수 tid는 private이고 sum은 설정하지 않았기 때문에 기본 설정인 shared 변수로서 모든 스레드가 공유하는 shared 변수이다. 변수 sum은 0으로 초기화가 되고 병렬 블록에서 모든 스레드가 각각의 tid 값을 더해서 결과가 6(= 0 + 1 + 2 + 3)이 출력된다. 이때 블록이 병렬로 계산이 되기 때문에 반복문이 필요 없이 모든 tid 값의 합이 계산된다.

위 프로그램과 동일한 Fortran 프로그램은 다음과 같다.

```
      integer tid, sum
      integer omp_get_thread_num
!$omp parallel num_threads(4) private(tid) default(shared)
      tid = omp_get_thread_num()
      sum = sum + tid;
!$omp end parallel
      print*, sum
```

프로그램에서 변수는 메모리에 저장되는데 private 변수는 각 스레드의 고유 메모리를 사용하기 때문에 병렬 블록 밖에서의 값이 전달되지 않는다. Firstprivate 지시문을 사용하면

private와 동일하지만 블록 밖에서의 값이 복사된다. 다음 프로그램에서 출력값은 a와 값은 123이지만 b는 456이 아닌 것을 볼 수 있다.

```
a = 123; b= 456;
#pragma omp parallel firstprivate(a) private(b)
printf("%d %d₩n", a, b);
```

한편 private 변수는 블록 밖의 변수로 값이 전달되지 않지만 lastprivate 지시문을 사용하면 마지막 스레드에서의 값이 복사된다.

- **threadprivate 변수**

  Private 변수는 블록을 벗어나면 저장된 값이 사라지지만 threadprivate 변수로 설정이 되면 모든 OpenMP 병렬 블록에서 private 변수로서 저장된 값이 유지된다. Threadprivate 변수는 값을 저장하기 이전에 설정하여야 하며 C 프로그램에서는 전역 변수와 static 변수, Fortran 프로그램에서는 common과 save 변수만 설정이 가능하다.

  Threadprivate으로 설정된 변수는 OpenMP 병렬 블록으로 마스터 스레드(0)에만 병렬 블록 전의 값이 저장되고 다른 스레드의 변수에는 전달되지 않는다. 이때 copyin (threadprivate 변수명)을 사용하면 모든 스레드의 변수에 값이 전달된다.

다음은 threadprivate 변수를 사용한 C의 프로그램이다.

```
static int x;
int y;
#pragma omp threadprivate(x)

#pragma omp parallel private(y)
{
  x = omp_get_thread_num();
  y = x;
  printf("%d %d₩n", x, y);
}
```

```
#pragma omp parallel private(y)
{
  printf("%d %d₩n", x, y);
}
```

동일한 Fortran 프로그램은 다음과 같다.

```
      integer x, y
      save x
!$omp threadprivate(x)
!$omp parallel private(y)
      x = omp_get_thread_num()
      y = x
      print*, x, y
!$omp end parallel
!$omp parallel private(y)
      print*, x, y
!$omp end parallel
```

위 프로그램을 실행하면 변수 x와 y 모두 private이기 때문에 첫 번째 블록에서는 스레드의 ID 값을 출력하지만 두 번째 블록에서는 y 값은 초기화되어 0이 출력되지만 x 값은 앞 블록에서의 값이 출력된다.

- **critical과 atomic 지시문**

이전의 프로그램에서 변수 sum을 계산할 때 한 번에 하나의 스레드만 변수에 접근이 가능하도록 2.1절에서 언급한 세마포어가 운영체제의 지원으로 묵시적으로 사용된다. 이를 명시적으로 사용하기를 원하면 다음과 같이 critical 지시문으로 임계구역(critical section)을 지정할 수 있다. C 프로그램에서는 임계구역이 "x 이항연산자 = expr" 형태의 하나의 문장으로 이루어질 경우는 atomic을 사용할 수도 있다. Atomic 문은 critical 문보다 성능이 낫다고 알려져 있다. Fortran 프로그램에서는 구분 없이 사용 가능하다.

(critical 지시문)

```
#pragma omp critical private(tid) shared(sum)
sum = sum + tid;
```

(atomic 지시문)

```
#pragma omp atomic private(tid) shared(sum)
sum += tid;
```

Critical과 atomic 지시문은 일반적으로 생략해도 계산 결과에 문제가 없는 경우가 많지만 보다 안전한 계산 결과를 원할 때 사용하는 것을 추천한다.

2.3.2 단순 반복문(loop)의 병렬화

다음은 C 프로그램의 for-반복문을 병렬화하기 위한 지시문으로서 기본 지시문(pragma omp parallel)과 함께 하나의 지시문으로 통합하여 사용할 수 있다. 여러 OpenMP의 반복문이 중복될 때에는 가장 상위의 반복문만 병렬로 계산한다.

```
#pragma omp parallel
#pragma omp for
```

➜

```
#pragma omp paralle for
```

Fortran 프로그램에서 반복문을 위한 지시문은 다음과 같다. 지시문 다음에 반복문(do-loop)이 사용되면 반복문을 블록으로 인식하기 때문에 end 지시문은 생략해도 된다.

```
!$omp parallel
!$omp do
...
!$omp end do
!$omp end parallel
```

➜

```
!$omp parallel do
...
!$omp end do parallel
```

반복문의 지시문이 사용되면 모든 스레드가 반복문의 횟수를 스레드의 수로 나누어서 계산한다. 다음은 행렬을 병렬로 계산하는 반복문이다. 행렬의 시작 주소 A는 모든 스레드가 공유하고 변수 i는 각 스레드가 행렬의 해당 부분에 접근하기 위한 인덱스로서 private로 설정이 된다. 오른쪽 그림은 배열이 OpenMP 반복문을 명시하는 지시문을 만났을 때 여러 스레드로 분할이 되는 형태를 보여준다.

```
#pragma omp parallel for shared(A)
private(i)
for (i=0; i<N; i++) {
   A[i] = ...
   ...
```

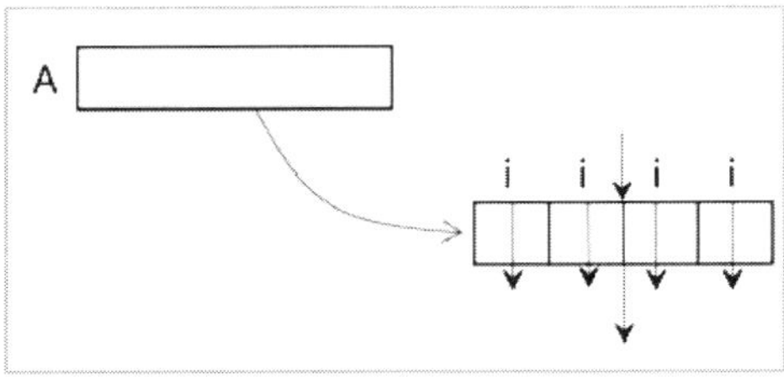

다음은 위 프로그램에서 배열의 크기가 100이고 스레드의 수가 5인 경우의 인덱스들을 보여준다. 모든 스레드는 크기가 동일하게 20개인 배열을 사용하게 된다.

thread0			thread1			thread2			thread3			thread4		
0	...	19	20	...	39	40	...	59	60	...	79	80	...	99

만약 반목문의 횟수와 스레드의 개수가 나누어지지 않는 경우에는 배열의 나머지를 임의의 스레드가 처리하게 된다. 다음은 나누어지지 않은 경우의 프로그램 예이다.

```
int tid, i
omp_set_num_threads(5);
#pragma omp parallel private(tid)
{
   tid = omp_get_thread_num();
   #pragma omp for
   for (i=0; i<8 i++)
        printf("%d %d ₩n", tid, i);
}
```

프로그램에서 반목문의 횟수는 8이고 스레드의 수는 5이기 때문에 3개의 스레드는 2번 반복하고 2개의 스레드는 1번씩 반복하기 때문에 다음과 같이 결과가 출력된다.

```
0 0
0 1
2 4
2 5
3 6
4 7
1 2
1 3
```

스케줄링(scheduling)을 사용하면 스레드로 분할되는 작업의 크기(chunk)를 임의로 정할 수 있다. 스케줄링 지시어는 static, dynamic, guided로 나누어진다.

- **static** : 작업을 chunk 크기로 정적으로 분할하여 분배
- **dynamic** : 작업을 chunk 크기로 동적으로 분배하고 실행을 마친 스레드에 우선 분배
- **guided** : dynamic과 유사하지만 실행 중에 분할하는 작업의 크기를 줄이며 chunk의 크기는 작업의 최저 크기이다.

다음은 스케줄링을 사용한 C 프로그램과 실행 결과이다.

```
#pragma omp parallel for schedule(static, 3) num_threads(3)
 for (i=0; i<8; i++)
     printf("%d %d₩n", omp_get_thread_num(), i);
```

```
static    dynamic    guided
  0 0       0 0        0 0
  0 1       0 1        0 1
  0 2       0 2        0 2
  1 3       1 6        2 3
  1 4       1 7        2 4
  1 5       2 3        2 5
  2 6       2 4        1 6
  2 7       2 5        1 7
```

프로그램에서 반복의 수는 8이고 스레드의 수는 3개를 사용하였다. Chunk의 크기가 3이기 때문에 반복은 3, 3, 2로 나누어지며 static을 사용하면 결과가 실행할 때마다 같지만 dynamic과 guided의 경우에는 결과가 달라지는 것을 볼 수 있다.

다음 예제들은 다양한 프로그램을 OpenMP를 사용하여 병렬화하는 방식을 보여준다.

◀ 예제 2-2 ▶

다음 C 프로그램을 OpenMP를 사용하여 병렬화하라.

```
for (i=0; i<N; i++) {
    A[i] = i;
    B[i] = N-i;
}
for (i=0; i<N; i++)
    C[i] =  A[i] + B[i];
```

```
#pragma omp parallel for
for (i=0; i<N; i++) {
     A[i] = i;
     B[i] = N-i;
}
#pragma omp parallel for
for (i=0; i<N; i++)
     C[i] =  A[i] + B[i];
```

다음 예제는 데이터 정렬 프로그램으로서 위 프로그램과는 달리 다소 복잡한 형태의 OpenMP 병렬화의 예를 보여준다. 보다 효율적인 OpenMP 정렬 프로그램은 2.5절에서 설명한다.

◀ 예제 2-3 ▶

데이터를 오름차순으로 정렬하는 다음 C 프로그램을 OpenMP를 사용하여 병렬화하라.

```
#define N 8

void swap(int*a, int*b) {
   int temp;
   temp = *a;
   *a = *b;
   *b = temp;
}

main()
{
   intA[N], stage, i;

   for (i=0; i< N; i++) A[i] = N-i;
```

```
    for (stage = 0; stage < N; stage++)
        if (stage % 2 == 1)
            for (i = 1; i< N; i += 2)
                if (A[i-1] > A[i])
                    swap(&A[i], &A[i-1]);
      else
            for (i = 1; i< N-1; i += 2)
                if (A[i] > A[i+1])
                swap(&A[i], &A[i+1]);

    for (i=0; i< N; i++) printf("%d ", A[i]); printf("₩n");
}
```

위 프로그램의 실행 과정은 다음 그림 2.4와 같다. 먼저 홀수 번째와 짝수 번째의 반복문에서 교대로 인접한 원소와 비교하여 필요시에 순서를 바꾼다. 이 작업을 배열의 크기만큼 진행하면 최종적으로 정렬된 배열을 구할 수 있게 된다. 이 프로그램은 OpenMP 반복문의 지시문을 사용하여 병렬화 할 수 있다.

stage	A[0]	A[1]	A[2]	A[3]	A[4]	A[5]	A[6]	A[7]
0	8	7 ↔	6	5 ↔	4	3 ↔	2	1
1	8 ↔	6	7 ↔	4	5 ↔	2	3 ↔	1
2	6	8 ↔	4	7 ↔	2	5 ↔	1	3
3	6 ↔	4	8 ↔	2	7 ↔	1	5 ↔	3
4	4	6 ↔	2	8 ↔	1	7 ↔	3	5
5	4 ↔	2	6 ↔	1	8 ↔	3	7 ↔	5
6	2	4 ↔	1	6 ↔	3	8 ↔	5	7
7	2 ↔	1	4 ↔	3	6 ↔	5	8 ↔	7
8	1 ↔	2	3 ↔	4	5 ↔	6	7 ↔	8

그림 2.4 정렬 함수의 실행 과정

병렬 프로그램에서는 이중 for-반복문의 하위 두 반복문을 각각 OpenMP를 사용하여 병렬화 할 수 있다. 병렬 프로그램은 다음과 같다. OpenMP 지시문에서 변수 A는 모든 스레드가 공유하기 때문에 shared, i는 각 스레드가 A를 개별적으로 접근하기 위한 값이기 때문에 private로 각각 지정하였다. 여기에서 주의할 점은 순차 프로그램과는 달리 OpenMP 지시문을 사용하는 for-반복문의 블록에서는 { } 괄호를 사용하여야 하며 사용하지 않을 경우는 컴파일 에러가 발생할 수 있다.

```
#define N 16

void swap(int*a, int*b) {
   inttemp;
   temp = *a;
   *a = *b;
   *b = temp;
}

main()
{
   intA[N], stage, i;

   for (i=0; i< N; i++) A[i] = N-i;

   omp_set_num_threads(NT);

   for (stage = 0; stage < N; stage++)
        if (stage % 2 == 1)
           #pragma omp parallel for shared(A) private(i)
           for (i= 1; i< N; i+= 2) {
                if (A[i-1] > A[i])
                   swap(&A[i], &A[i-1]);
           }
      else
         #pragma omp parallel for shared(A) private(i)
         for (i= 1; i< N-1; i+= 2) {
```

```
            if (A[i] > A[i+1])
               swap(&A[i], &A[i+1]);
         }

      for (i=0; i< N; i++) printf("%d ", A[i]); printf("₩n");
   }
```

2.3.3 복잡한 반복문의 병렬화

이 절에서는 보다 복잡한 형태의 반복문을 병렬화 할 때의 고려 사항에 대하여 설명한다.

다음 프로그램은 하나의 반복문에서 행렬 A와 B를 순차적으로 계산하는데 배열 A를 먼저 계산하고 배열 B를 나중에 계산하는 두 개의 반복문으로 나누어서(splitting) 병렬화 할 수 있다.

```
for (i=0; i<N; i++) {
     A[i] = i
     B[i] = A[i] + i*1/N;
}
```

↓

```
#pragma omp parallel
{
   #pragma omp for
   for (i=0; i<N; i++)
        A[i] = i;
   #pragma omp for
   for (i=0; i<N; i++)
        B[i] = A[i] + i*1/N;
}
```

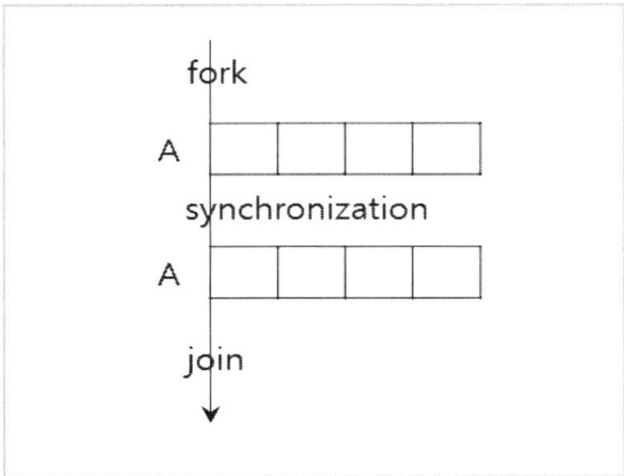

위 프로그램에서는 분리(splitting)가 성능이나 실행 결과에 영향을 주지 않는다. 하지만 다음 프로그램은 반드시 분리해야 하는 경우를 보여준다. 먼저 분리하지 않고 병렬 프로그램으로 구현하였다.

```
A[0] = f(0); B[0] = f(0);
for (i=1; i<N; i++) {
     A[i] = f(i);
     B[i] = A[i-1] + A[i];
}
```

↓

```
A[0] = f(0); B[0] = f(0);
#pragma omp parallel for
{
for (i=1; i<N; i++)
     A[i] = f(i);
     B[i] = A[i-1] + A[i];
}
for (i=0; i<N; i++)
     printf("%d: %d %d ₩n", i, A[i], B[i]);
```

프로그램은 위에서와 같이 병렬화하게 되면 배열 A와 B의 상호 의존성이 존재하기 때문에 병렬 프로그램의 실행 결과가 부정확하게 된다.

다음은 N = 13, 스레드의 수는 4, 함수 f(i) = I * 2로 가정한 실행 결과이다.

```
0: 0 0
1: 2 2
2: 4 6
3: 6 10
4: 8 11172
5: 10 18
6: 12 22
```

```
7: 14 -1399434283
8: 16 30
9: 18 34
10: 20 38
11: 22 42
12: 24 46
```

위 결과에서 보면 B[4]와 B[7]의 결과가 틀린 것을 알 수 있다. 그림 2.5는 각 스레드에서의 계산 결과를 보여준다. 스레드1은 B[4]를 계산하기 위하여 A[3]을 사용한다. 하지만 A[3]은 스레드0에서 계산하게 되는데 계산이 되지 않은 미정의 값이 저장되어 있어서 볼드체 숫자와 같이 부정확한 결과를 계산하게 된다. 스레드2에서의 B[7]도 마찬가지의 결과로 틀린 결과이다.

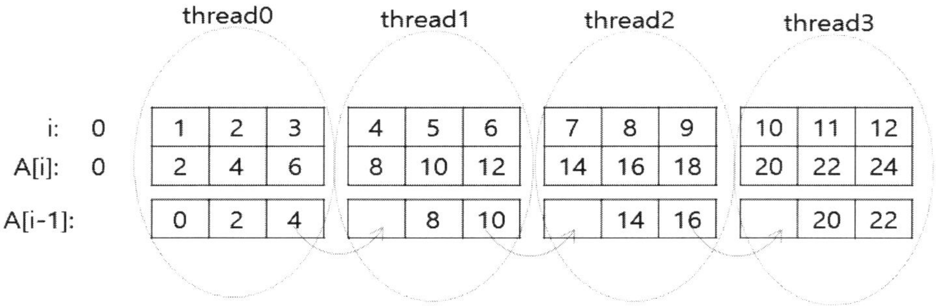

그림 2.5 스레드에서의 계산 결과

다음 프로그램은 반복문을 분리(splitting)하여 정확한 결과를 계산하는 병렬 프로그램이다.

```
A[0] = f(0)
#pragma omp parallel
{
   #pragma omp for
   for (i=1; i<N; i++)
```

```
        A[i] = f(i);
    #pragma omp for
    for (i=1; i<N; i++)
        B[i] = A[i-1] + A[i];
}
```

2.4 누적 계산 (Reduction)

Reduction은 배열의 각 값을 주어진 함수를 실행하여 벡터값을 하나의 값인 스칼라값으로 누적 계산하는 방식을 말한다.

다음 프로그램에서는 배열 A의 N개의 원소를 모두 더해서 변수 sum에 저장한다. 여기에서 sum은 반복문을 통하여 값이 계산되는 reduction 변수이다.

```
sum = 0;
for (i=0; i<N; i++)
    sum = sum + A[i];
```

OpenMP에서는 모든 스레드에서의 하나의 변수값을 reduction 지시문을 사용하여 누적 계산한다. 따라서 위 프로그램에서 OpenMP 지시문를 사용하기 위해서는 각 스레드가 1차원 배열 A의 할당된 지정 부분만 접근하기 때문에 먼저 스레드가 할당된 부분 배열을 동시에 계산한다. 그다음 OpenMP reduction 지시문을 사용하여 모든 스레드의 값을 지정된 스레드에서 하나의 값으로 계산하는 두 단계로 나누어 진행한다. 두 단계의 계산은 다음과 같이 ❶ 스레드들이 병렬로 동시에 진행하는 계산(intra 스레드)과 ❷ 스레드에서 계산된 값의 지정된 스레드로의 누적 계산(inter 스레드)이다(그림 2.6 참조).

❶ **intra 스레드 계산 :** 각 스레드에서 부분 배열을 순차적으로 계산

❷ **inter 스레드 계산 :** 모든 스레드를 통하여 sum 값을 누적 계산

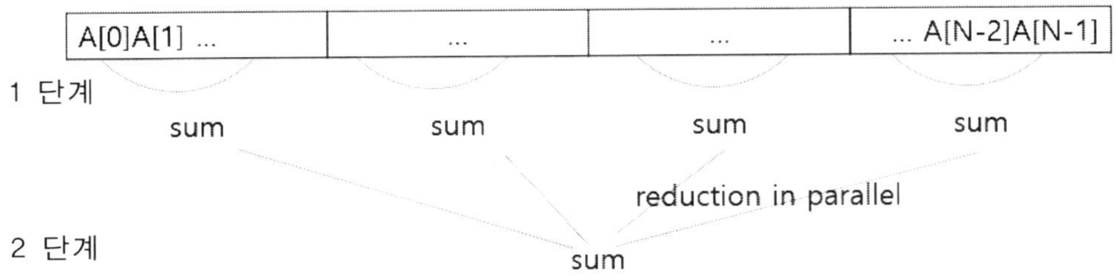

그림 2.6 Reduction의 2단계 연산

OpenMP 프로그램에서는 위에서의 ❶ 단계의 계산은 명시적으로 작성하고 ❷ 단계의 계산을 위하여 reduction 지시문을 사용한다. OpenMP 병렬 프로그램은 다음과 같다. 반복문에서는 ❶ 단계의 계산이며, 지시문으로 정의된 부분은 ❷ 단계의 계산이다. 지시문에서 (+:sum)의 의미는 reduction 연산과 reduction 변수를 정의한다.

```
#pragma omp parallel for reduction(+:sum) // step(❷)
for (i=0; i<N; i++)                         // step(❶)
    sum = sum + A[i];
```

표 2.1은 reduction 지시문에서 사용할 수 있는 다양한 연산자를 보여준다.

표 2.1 Reduction 연산자

<table>
<tr><th>C 연산자(Fortran)</th><th>초기값</th></tr>
<tr><td>+</td><td>0</td></tr>
<tr><td>-</td><td>0</td></tr>
<tr><td>*</td><td>1</td></tr>
<tr><td>min</td><td>가장 큰 수</td></tr>
<tr><td>max</td><td>가장 작은 수</td></tr>
<tr><td>|| (.or.)</td><td>0</td></tr>
<tr><td>&& (.and.)</td><td>1</td></tr>
<tr><td>& (iand)</td><td>1</td></tr>
<tr><td>| (ior)</td><td>0</td></tr>
<tr><td>· (ieor)</td><td>0</td></tr>
</table>

다음은 reduction 지시문을 사용하여 예제 2.1과 동일한 결과를 계산하는 예제이다.

예제 2-4

모든 스레드의 ID를 더하는 C 프로그램을 OpenMP reduction 지시문을 사용하여 구현하라.

```
int sum=0;
#pragma omp parallel reduction(+:sum) num_threads(4)
{
    sum = omp_get_num_threads();
}
printf("%d ₩n", sum);
```

예제 2.1의 프로그램과 다른 점은 변수 sum을 명시적으로 계산하지 않고 omp_get_num_threads() 함수를 호출하여 스레드의 ID를 저장한 후에 reduction 지시문에 의하여 계산을 실행하는 것이다.

다음은 예제 2.4를 Fortran 언어로 구현한 프로그램이다.

```
integer sum
      integer omp_get_thread_num
!$omp parallel reduction(+:sum) num_threads(4)
      sum = omp_get_thread_num()
!$omp end parallel
```

예제 2-5

OpenMP reduction 지시문을 사용하여 모든 원소의 값을 더하는 C 프로그램을 구현하라.

```
int tid, A[12], sum, i
omp_set_num_threads(4);
// initialization of A
for (i=0; i<12; i++)
    A[i] = i*2;
sum = 0;
#pragma omp parallel for reduction(+:sum) private(tid)
for (i=0; i<12; i++) {
    tid = omp_get_thread_num();
    sum = sum + A[i];
    printf("%d %d %d %d ₩n", tid, i, A[i], sum);
}
printf("%d ₩n", sum);
```

다음은 위 프로그램의 실행 결과이다. 4개의 스레드가 배열 A의 할당된 부분인 3개의 원소의 합을 계산하고 다시 전체 배열의 합인 sum을 계산하는 과정을 보여준다. 반복을 마치면 OpenMP의 reduction 계산에 따라서 스레드들에 의하여 최종 계산된 sum 값을 더한 값 132(= 6 + 24 + 42 + 60)가 출력된다.

```
0 0 0 0
0 1 2 2
0 2 4 6
1 3 6 6
1 4 8 14
1 5 10 24
3 9 18 18
3 10 20 38
3 11 22 60
2 6 12 12
2 7 14 26
2 8 16 42
132
```

다음은 동일한 계산을 하는 Fortran 프로그램이다.

```
      integer tid, A(0:11), sum, omp_get_thread_num
      call omp_set_num_threads(4)
      do i=0, 11
         A(i) = i*2
      enddo
      sum = 0;
!$omp parallel do reduction(+:sum) private(tid)
      do i=0, 11
         tid = omp_get_thread_num();
         sum = sum + A(i)
         print*, tid, i, A(i), sum
      enddo
      print*, sum
```

Reduction 연산을 좀 더 알아보기 위하여 위의 C 프로그램에서 변수 sum의 초기값을 1로, reduction 지시문의 계산을 (* : sum)으로 바꾼 후 실행하였다. 다음은 실행 결과이다. 반복문에서 계산된 변수 sum 값은 수정 전의 프로그램과 같은 값으로 계산이 되지만 지시문(* : sum)에 의하여 최종 계산된 sum 값은 앞서 계산된 변수 sum의 값을 모두 곱한 값인 459025 (= 6 * 24 * 42 * 60)가 출력된다.

```
0 0 0 1
0 1 2 3
0 2 4 7
1 3 6 7
1 4 8 15
1 5 10 25
3 9 18 19
3 10 20 39
3 11 22 61
2 6 12 13
2 7 14 27
2 8 16 43
459025
```

다음 예제는 배열을 사용하지 않고 지시문을 사용하여 reduction 연산을 실행하는 프로그램이다.

예제 2-6

원주율(π) 값을 계산하는 다음 C 프로그램을 OpenMP reduction 지시문을 사용하여 병렬화하라.

$$\pi = 4\sum_{i=0}^{\infty}\frac{(-1)^i}{2i+1} = 4[1-\frac{1}{3}+\frac{1}{5}-\frac{1}{7}+\cdots]$$

```
#define N 1000000

main()
{
   double oscillation, sum;
   int i;

   oscillation = 1.0;
   sum = 0.0
   for (i = 0; i < N; i++) {
        sum += oscillation/(2*i+1);
        oscillation  = -oscillation;
   }
   printf("%f₩n", 4.0*sum);
}
```

위 프로그램을 OpenMP를 사용하여 병렬화하면 다음과 같다.

```
#define N 1000000
#define NT 4

main()
{
   double oscillation, sum;
   int i;

   oscillation = 1.0;
   sum = 0.0
   #pragma omp parallel for num_threads(NT) reduction(+:sum)
   for (i = 0; i < N; i++) {
       sum += oscillation/(2*i+1);
       oscillation  = -oscillation;
   }
   printf("%f₩n", 4.0*sum);
}
```

이 병렬 프로그램을 실행하면 스레드의 수에 따라 결과가 π(≒3.141592)와는 차이가 나는 것을 알 수 있다. 이유는 변수 oscillation이 반복문에서 이전의 값을 사용하기 때문에 데이터 의존도가 존재한다. 따라서 병렬 프로그램에서는 각 스레드에서 다른 값을 사용하기 때문에 결과가 정확하지 않게 된다. 다음 프로그램은 if문을 사용하여 데이터 의존성을 해결하고 oscillation 변수를 private로 선언한 병렬 프로그램이다.

```
#define N 1000000
#define NT 4

main()
{
   double oscillation, sum;
   int i;

   oscillation = 1.0;
```

```
    sum = 0.0
    #pragma ompparallel for num_threads(NT) reduction(+:sum) ₩
    reduction(+:sum) private(oscillation)
    for (i = 0; i < N; i++) {
        if (i % 2 == 0) oscillation = 1.0;
        else oscillation = -1.0;
        sum += oscillation/(2*i+1);
    }
    printf("%f₩n", 4.0*sum);
}
```

2.5 OpenMP 정렬 프로그램

정렬 프로그램은 병렬 프로그램에서는 각 스레드가 배열의 분할된 부분만 접근하기 때문에 전체 값들을 비교하기 어렵다. 따라서 먼저 분할된 데이터를 병렬로 정렬하고 다른 스레드의 배열과 병합하여 정렬하여야 한다.

병렬 프로그램은 먼저 모든 스레드가 분할된 배열을 정렬하고 이후에 모든 스레드가 병합 과정에 참여하여 정렬을 완료한다. 다음은 병렬 정렬 프로그램의 기본 형태이다.

- **step 1** : 모든 스레드에서 분할된 영역의 데이터를 정렬
- **step 2** : $\log_2 N$(N = 스레드의 수) 만큼의 반복으로 인접한 스레드의 배열과 병합

Step 1에서는 모든 스레드가 동시에 분할된 배열을 순차적으로 정렬한다. Step 2에서는 이전 스레드 수의 반을 사용하여 분할된 배열과 같은 크기의 인접한 배열을 병합한다. 두 배열에서 두 원소의 값을 비교하여 순서대로 저장하면 정렬이 완료된 두 배 크기의 병합 배열이 된다. Step 2를 $\log_2 N$(N = 스레드의 수) 만큼 반복하면 최종적으로 마스터 스레드에서는 전체적으로 정렬이 완료된 배열을 구할 수 있게 된다. Step 2는 병렬로 진행하며 진행되면서 계산에 사용되는 스레드의 수는 절반으로 줄어든다.

그림 2.7은 크기가 8인 배열을 4개의 스레드를 사용하여 정렬 프로그램을 실행한 결과를 보여준다.

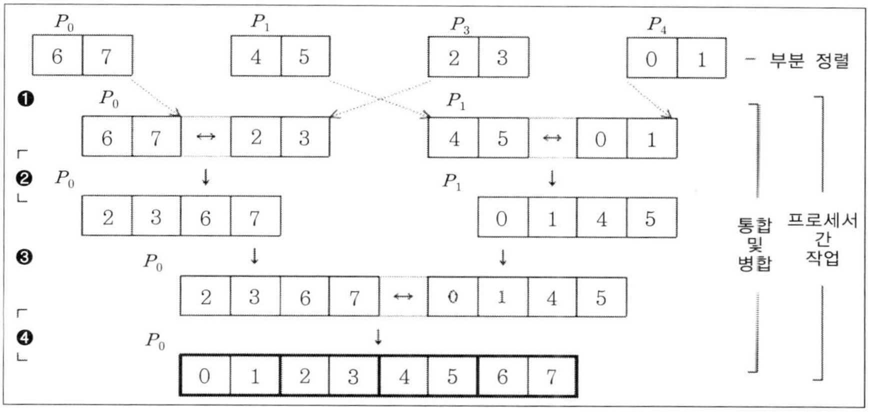

그림 2.7 8개 원소의 정렬 프로그램 실행 결과

다음은 OpenMP C 프로그램이다. 배열의 크기는 N이고 N은 스레드의 수로 나누어지고 스레드의 수는 2^n(n은 정수)으로 가정한다.

```
void merge(int *A, int *B, int n)
{
   int C[n*2];
   int i, j, k;

   i = 0; j = 0; k = 0;
   while ((i<n) && (j<n))
      if (A[i] <= B[j])
         C[k++] = A[i++];
      else
         C[k++] = B[j++];

   if (i < n)
      for (; i < n; i++)
```

```
            C[k++] = A[i];
    else if (j < n)
        for (; j < n; j++)
            C[k++] = B[j];

    for (i=0; i<n; i++) {
        A[i] = C[i];
        B[i] = C[n+i];
    }
}

int main()
{
    int A[N], temp;
    int nt, local_N, logN, ini, i, j;
    ...
    #pragma omp parallel
    nt = omp_get_num_threads();
    local_N = N/nt;

    // sorts on all threads
    #pragma omp parallel for shared(A, local_N) private(ini, i, j)
    for (ini = 0; ini< N; ini += local_N) {
        for (i = 0; i < local_N-1; i++) {
            for (j = i+1; j < local_N; j++) {
                if (A[ini+i] > A[ini+j]) {
                    temp = A[ini+i];
                    A[ini+i] = A[ini+j];
                    A[ini+j] = temp;
                }
            }
        }
    }
```

```
    logN = (int)(log2(nt));
    for (ini = 0; ini < logN; ini++) {
        nt = nt/2;
        local_N = N/nt;
        #pragma omp parallel for num_threads(nt)
        for (i = 0; i < N; i += local_N)
            merge(A+i, A+i+local_N/2, local_N/2);
    }
}
```

반복문에서는 num_thread(nt) 지시문을 사용하여 사용하는 스레드의 수를 이전의 절반을 사용하였다. merge() 함수는 step2를 위한 함수이며 매개변수로 전달받은 두 배열을 병합한다. 배열 C는 정렬 결과를 저장하는 두 배 크기의 임시 저장 장소이며 병합 후에는 다시 배열 A로 다시 복사한다.

다음은 동일한 방식으로 구현한 OpenMP Fortran 정렬 프로그램이다.

```
    subroutine merge(A, B, n)
    implicit none
    integer A(n), B(n), C(n*2)
    integer n, i, j, k

    i = 1; j = 1; k = 1
    do while ((i<=n).and.(j<=n))
       if (A(i) <= B(j)) then
          C(k) = A(i)
          k = k + 1
          i = i + 1
       else
          C(k) = B(j)
          k = k + 1
          j = j + 1
       endif
```

```
      enddo
      if (i <= n) then
         do i = i, n
            C(k) = A(i)
            k = k + 1
         enddo
      else if (j <= n) then
         do j = j, n
            C(k) = B(j)
            k = k + 1
         enddo
      endif

      do i=1, n
         A(i) = C(i)
         B(i) = C(n+i)
      enddo
      end subroutine

      program sort
      implicit none
      integer A(N), temp
      integer tid, nt, local_N, m
      integer logN, i, j, k, ini
      integer omp_get_thread_num, omp_get_num_threads

      do i = 1, N
        A(i) = int(rand()*100)
      enddo

c$omp parallel
       nt = omp_get_num_threads()
!$omp end parallel
       local_N = N/nt
```

```
c sort on all threads
c$omp parallel do
      do ini = 0, N-1, local_N
        do i = 1, local_N-1
          do j=i+1, local_N
            if (A(ini+i) > A(ini+j)) then
              temp = A(ini+i)
              A(ini+i) = A(ini+j)
              A(ini+j) = temp
            endif
          enddo
        enddo
      enddo
c$omp end parallel do

      logN = int(log(real(nt))/log(2.0))
      do ini = 1, logN
        nt = nt/2
        local_N = N/nt
c$omp parallel do num_threads(nt)
        do i = 1, N, local_N
          call merge(A(i:i+local_N/2-1), A(i+local_N/2:i+local_N-1),
     1               local_N/2)
        enddo
!$omp end parallel do
      enddo
      end
```

2.6 사다리꼴 공식(Trapezoidal rule)을 사용한 원주율(π) 계산

이 절에서는 적분식 사다리꼴 공식(trapezoidal rule)을 이용하여 원주율 π의 값을 계산하고 실행 시간을 측정하는 OpenMP C 프로그램을 소개한다. 이 프로그램은 OpenMP 변수의 설정과 reduction의 사용 예를 보여주기 때문에 다른 응용 프로그램의 구현에 도움이 될 것으로 보인다.

아래의 그림 2.8의 xy-그래프에서 회색으로 구분된 면적은 반지름이 RADIUS인 원의 1/4이며 이 면적은 $\int_0^{RADIUS} \sqrt{RADIUS^2 - x^2}\,dx$의 식으로 계산이 된다. 이 식을 적분의 개념을 사용하여 $\lim_{n \to \infty} \sum_{i=1}^{\infty} \sqrt{RADIUS^2 - x_i^2}\,\triangle x$ 식으로 바꾸면 프로그램으로 구현할 수 있다.

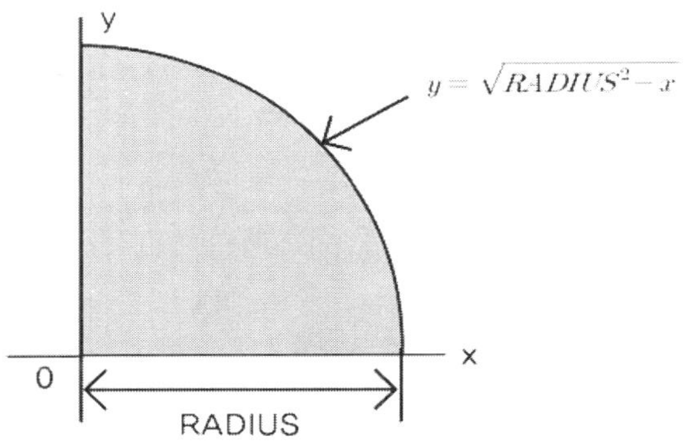

그림 2.8 적분식의 계산

OpenMP를 사용한 C 프로그램은 다음과 같다. OpenMP 병렬 프로그램에서는 각 스레드가 해당 면적을 조각으로 나누어서 계산하기 때문에 (스레드 ID)/(스레드의 수)의 비례값을 사용하여 x 축에서의 첫 값을 계산한다. 프로그램에서는 반복문의 크기를 크게 할수록 실행 결과는 $RADIUS^2 \times \pi/4$의 값에 가까워지기 때문에 병렬 프로그램에서 많은 스레드를 사용하면 보다 정확한 값을 계산할 수 있게 된다.

```
#include <stdio.h>
#include <stdlib.h>
#include <math.h>
#include <sys/time.h>
#include "omp.h"

#define N 5000000000
#define RADIUS 100

long millisecond()
{
  struct timeval tb ;
  gettimeofday( &tb, 0 ) ;

  return(1000*tb.tv_sec + tb.tv_usec/1000) ;
}

int main()
{
  double dx, y, x, area;
  int tid, nt;
  long start, i;

  start = millisecond();

  area = 0.0;
  dx = (double)RADIUS/(double)N;

  #pragma omp parallel private(i,x,y,tid) shared(dx,nt,area)
  {
    nt = omp_get_num_threads();
    tid = omp_get_thread_num();
    x = ((double)RADIUS/(double)nt)*(double)tid;

    #pragma omp for reduction(+:area)
```

```
        for (i=0; i<N; i++) {
            x += dx;
            y = sqrt(fabs((double)RADIUS*(double)RADIUS-x*x));
            area +=  dx * y;
        }
    }

    printf("time: %d milliseconds, area: %f₩n", millisecond()-start,
            area*4/(RADIUS*RADIUS));

    exit(0);
}
```

프로그램에서는 먼저 시간 측정을 위하여 앞 장에서 소개한 millisecond() 함수를 정의하였다. 본 프로그램에서는 먼저 RADIUS 값을 N으로 나눈 값을 적분식에서의 dx 값으로 설정하였다. 다음 OpenMP의 #pragma 지시문에서는 반복문 인덱스의 i 값, 그래프에서의 x와 y 값 그리고 스레드의 ID는 스레드 별로 다른 값을 사용하기 때문에 private로 선언하였으며, 앞에서 계산한 dx 값, 스레드의 수 np 그리고 면적을 나타내는 변수 area는 공동으로 같은 값을 사용하기 때문에 shared로 선언하였다. 반복문에서는 x_i 값을 dx(=△x)를 더하여 증가시켰으며 f(x_i)×dx를 계산하여 각 스레드에서의 부분 면적으로 계산하였다. 최종적으로 reduction을 사용하여 전체 면적을 계산하게 되며 실행 시간과 계산 결과값을 출력하였다. 결과값은 원주율 π 값과 비교하기 위하여 $4/RADUIS^2$을 곱한 값을 사용하였다.

Fortran 프로그램은 다음과 같다. millisecond()[7)] 함수는 별도의 파일에 저장하고 C 컴파일러로 컴파일한 목적코드를 호출하면 된다.

7) GNU 컴파일러를 사용할 경우에는 함수명은 millisecond_()로 하여야 한다.

```
   #define N 50000000000
#define RADIUS 100

      program radius
      implicit none

      real*8 ::  dx, y, x, area
      integer :: tid, nt
      integer*8 :: i, start, millisecond
      integer :: omp_get_num_threads, omp_get_thread_num

      start = millisecond()

      area = 0.0
      dx = real(RADIUS,8)/real(N,8)

!$omp parallel private(i,x,y,tid) shared(dx,nt,area)
      nt = omp_get_num_threads()
      tid = omp_get_thread_num()
      x = (RADIUS/nt)*tid
!$omp do reduction(+:area)
      do i=1, N
         x = x + dx
         y = sqrt(abs(real(RADIUS*RADIUS,8)-real(x*x,8)))
         area = area + dx * y
      enddo
!$omp end do
!$omp end parallel

      print*, millisecond()-start, area*4/(RADIUS*RADIUS)

      end
```

연습문제

1. 아래 IPC 프로그램에서 공유 메모리는 1 byte의 semaphore와 1개의 정수로 구성이 되어 있다.

(1) 1개의 semaphore와 10개의 실수로 구성이 되는 공유 메모리를 사용할 수 있도록 구조체 SHM 형을 변경하라.

```
typedef struct {
    char s; // semaphore
    int data;
} SHM;

SHM *shm;
int shm_id, key;
void *shm_addr;

shm_id = shmget(key, sizeof(SHM),IPC_CREAT|0666);
shm_addr= (void *)shmat(shm_id, 0, 0);
shm = (SHM *)shm_addr;
shm->s = 0;
while(1) {
    while(!shm->s);
```

(2) 위 프로그램에서 while 반복문은 무한 반복한다. 이렇게 구현한 이유를 설명하라.

2. 다음과 같이 서버와 클라이언트는 같은 값의 키를 사용하고 클라이언트가 공유 메모리에 저장한 값을 서버가 더하는 IPC 프로그램을 구현하라. 음수의 세마포어 값을 사용하면 서버 프로그램이 종료한다.

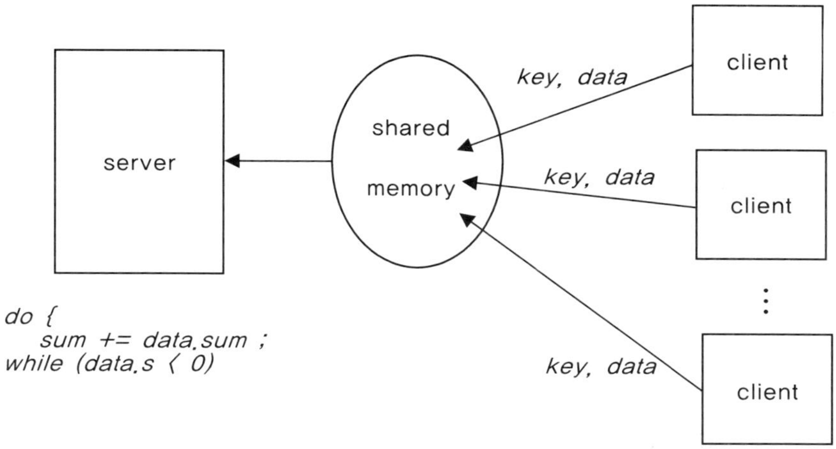

3. 다음 프로그램을 실행하여 스레드의 메모리에서 변수를 저장하기 위한 지시문 private, firstprivate, lastprivate, threadprivate를 구분하여 설명하라.

```
static int a;
int b, c, d;

#pragma omp threadprivate(a)
a = 11; b= 22; c = 33; d = 44;

#pragma omp parallel for private(b) firstprivate(c) lastprivate(d)
for (i = 0; i < omp_get_num_threads(); i++) {
    printf("%d %d %d %d₩n", a, b, c, d);
    a = a + omp_get_thread_num()*100;
    b = b + omp_get_thread_num()*100;
    c = c + omp_get_thread_num()*100;
    d = d + omp_get_thread_num()*100;
}

printf("%d %d %d %d₩n", a, b, c, d);
#pragma omp parallel firstprivate(b,c,d)
printf("%d %d %d %d₩n", a, b, c, d);
```

4. 다음 프로그램을 OpenMP를 이용하여 병렬화하라.

```
for (i=0; i<N; i++) {
    A[i] = i;
    B[i] = N-i;
}
for (i=0; i<N; i++)
    C[i] =  A[i] + B[i];
```

5. 다음 프로그램을 OpenMP를 이용하여 병렬화하라.

```
A[0] = 0;
for(i = 1; i < N; i++) {
   A[i] = i * N;
   B[i] = (A[i-1]*A[i]) / 2.0;
}
```

6. 스레드의 번호를 모두 더하는 OpenMP 프로그램을 구현하라.

(1) reduction 지시문을 사용

(2) reduction 지시문을 사용하지 말 것

7. 다음 프로그램을 OpenMP를 이용하여 병렬화하라.

```
maxval = -99999;
for(i = 1; i < N; i++)
   if (A[i] > maxval) maxval = A[i];
```

8. 다음 N!(팩토리얼)를 계산하는 프로그램을 OpenMP를 사용하여 병렬화하라.

```
long fact = 1;
for (i=1; i<=N; i++)
    fact = fact * i;
```

Chapter

메시지 전송 라이브러리 – MPI

메시지 전송 라이브러리 MPI(Message Passing Interface)는 분산 메모리형의 병렬 컴퓨터 플랫폼에서 실행할 수 있는 프로그램을 구현하기 위한 라이브러리이다. 메시지의 전송을 위한 MPI의 함수들은 크게 데이터 송수신 방식(communication), 전송 데이터의 선택(data grouping), 통신에 가담하는 프로세스의 선택(communicator) 등의 기능으로 구분된다. 이 장에서는 주로 많이 사용되는 MPI 함수들을 위주로 설명한다.

3.1 MPI (Message Passing Interface)

MPI는 1994년에 국제 포럼을 통해 개발되었으며 분산 메모리형의 병렬 컴퓨터에서 실행이 가능한 프로그램을 구현할 수 있도록 설계된 표준 라이브러리이다. MPI는 TCP/IP (Transmission Control Protocol/Internet Protocol)에 기반을 두고 네트워크로 연결된 컴퓨터들을 하나의 프로그램으로 실행할 수 있도록 다양한 함수들을 제공한다. 그림 3.1에서와 같이 C, C++, Fortran 등의 고급 언어에서 라이브러리의 함수로서 사용이 가능하며 이식성이 있어서 Linux, Solaris, Windows, Mac OS/X 등 다양한 플랫폼에서 실행될 수 있다. MPI를 사용하는 병렬 프로그램은 1장에서 설명한 바와 같이 분산 메모리형의 병렬 컴퓨터뿐 아니라 공유 메모리형의 병렬 컴퓨터에서도 실행이 가능하기 때문에 가장 많이 사용이 되는 대표적인 병렬 프로그래밍 방식이다. MPI의 이전에는 1989년에 발표된 유사한 방식의 메시지 전송 방식을 사용하는 PVM(Parallel Virtual Machine)이 있었지만 표준 MPI의 발표 이후에는 거의 사용하지 않고 있다.

MPI는 프로세스들 사이에 메시지의 전송에 대한 API(Application Program Interface)를 제공한다. MPI에서 제공하는 메시지 전송 함수는 크게 점대점(point-to-point) 통신과 집합(collective) 통신으로 구분되며 그 외에 다양한 병렬 처리를 위한 기능들을 제공한다. MPI 라이브러리는 현재 버전 3이 가장 최신이며 설치는 https://www.mpich.org/downloads를 참고하면 된다.

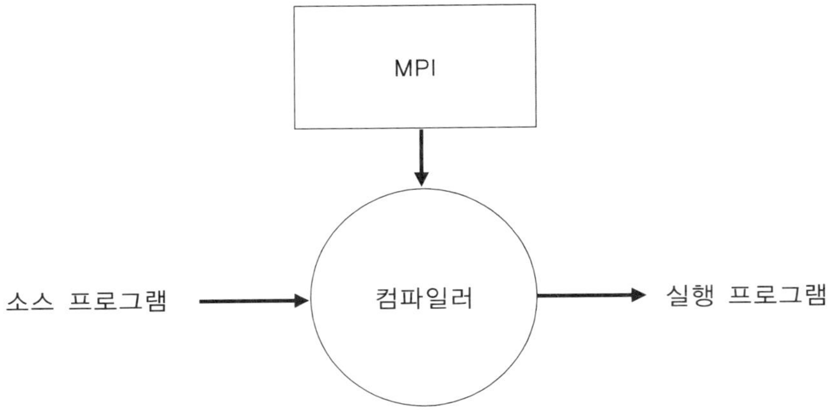

그림 3.1 MPI 라이브러리의 사용 구조

MPI를 사용하는 병렬 프로그램의 컴파일은 라이브러리를 직접 정의하여 다음과 같이 컴파일 할 수 있다. 다음 명령에서 MPI의 라이브러리 파일(-L 옵션)과 include 파일들(-I 옵션)은 /usr/local/mpich-3.1.3/gnu에 설치되었고 C 프로그램의 이름은 prog.c로 가정한다. Fortran 프로그램은 gfortran 컴파일러를 사용하여 컴파일이 가능하지만 전용 라이브러리를 사용하기 위하여 -lmpifort 옵션을 추가하여야 한다.

```
cc prog.c -L/usr/local/mpich-3.1.3/gnu/lib -lmpich -I/usr/local/
mpich-3.1.3/gnu/include
```

MPI에서 제공하는 병렬 프로그램의 컴파일을 위한 스크립트를 사용하여 다음과 같이 단순하게 컴파일 할 수 있다. 병렬 Fortran 프로그램도 mpif90 명령으로 유사하게 컴파일 할 수 있다.

```
mpicc prog.c
```

MPI 병렬 프로그램은 운영체제에서 여러 프로세스(process)에 의하여 동시에 실행된다. 여기에서 중요한 점은 병렬 프로그램이 여러 개의 프로세스를 사용하는 것이 아니라 여러 프로세스에서 프로그램이 동시에 실행되는 것이다. 따라서 운영체제의 시분할(time sharing)

기능에 의하여 OpenMP 프로그램과 마찬가지로 단일 프로세서 컴퓨터에서도 MPI 병렬 프로그램의 실행이 가능하다. 여러 프로세스가 실제의 프로세서(processor)에 일대일로 할당이 되면 병렬로 실행이 되어 성능이 향상된다. 일반적으로 프로세스와 프로세서의 개념이 혼용되지만 이 책에서는 프로세스로 통일하기로 한다.

MPI 병렬 프로그램의 실행 명령(mpiexec)에서는 계산 노드를 설정할 수 있다. 다음 명령에서 실행 프로그램명은 prog로 가정하며 "-machinefile mfile"은 실행하고자 하는 계산 노드 및 프로세스의 수를 저장한 파일명을 나타낸다. "-n(혹은 ⁻np) #processes"는 mfile의 리스트에서 계산을 실행하는 프로세스의 개수를 설정한다. "-machinefile" 옵션을 생략하면 프로그램을 실행하는 동일 서버에서 프로세스를 생성하여 실행한다.

```
mpiexec -machinefile mfile -n|np #processes prog
```

```
mfile:    서버명: 프로세스의 수
          서버명: 프로세스의 수
          ...
```

위의 명령에서 계산 노드와 프로세스의 수를 표시하는 파일인 mfile은 임의의 파일명이다. 예를 들어서 사용하고자 하는 계산 노드의 이름이 hpc1, hpc2이고 hpc1에서 10개의 프로세서, hpc2에서 20개의 프로세서를 각각 사용하기를 원하면 다음과 같이 mfile을 설정하면 된다. 만약에 사용하는 프로세스의 수가 mfile에서 표시하는 수보다 적으면 상위의 노드부터 프로세스가 생성된다.

```
mpiexec -machinefile mfile -n 30 prog
```

```
mfile:    hpc1: 10
          hpc2: 20
```

사용하고자 하는 프로세스의 수보다 계산 노드에서 지정하고자 하는 프로세서의 수가 적은 경우에는 하나의 프로세서가 여러 프로세스를 처리하게 되며 이 경우에는 프로세스 수만큼의 성능을 기대할 수 없다.

분산 메모리형의 병렬 컴퓨터 실행 환경에서는 하나의 명령을 호출하면 연결된 모든 서버에서 자동으로 실행 프로그램을 실행하게 된다. 네트워크로 연결된 여러 계산 노드를 사용하기 위해서는 사용자의 정보를 공유할 수 있는 NIS(Network Information System) 및 파일의 공유를 위한 NFS(Network File System)가 설정되어 있으면 보다 편리하게 병렬 프로그램을 실행할 수 있다. MPI 프로그램을 실행할 때 네트워크상의 다른 계산 서버를 사용하는 경우에는 보안상의 문제로 시스템 에러가 발생하기도 한다. 예를 들어 Linux의 경우에 보안 문제를 해결하지 않고 병렬 프로그램을 실행하면 "Host key verification failed." 에러가 발생할 수 있다. 이는 ssh 상에서 서버에 접근하는 문제이며 "host key"를 이용하여 운영체제 상에서 해결이 가능하다.

3.2 MPI 병렬 프로그램

3.2.1 프로그램의 기본 구조

MPI를 사용하는 병렬 C 프로그램의 기본적인 구조는 다음과 같다.

```
#include "mpi.h"
…
main(int argc, char *argv[])
{
   MPI_Init(&argc, &argv);
         ……………

   MPI_Finalize();
}
```

MPI_Init()[8]와 MPI_Finalize()는 각각 MPI 실행 환경을 초기화하고 종료하는 MPI 함수로서 MPI_Init() 함수는 다른 MPI 함수보다 이전에 그리고 MPI_Finalize() 함수는 최종적으로 사용한다. 참고로 MPI_Init() 함수에 전달하는 두 매개변수 argc와 argv는 큰 의미는 없으며 Fortran 언어에서는 사용하지 않는다.

MPI 라이브러리의 C 함수는 정수형으로서 실행 에러의 발생 시에 0이 아닌 반환값이 전달된다. 반면에 Fortran 함수는 subroutine을 사용하는데 C 언어와는 달리 반환값이 없기 때문에 모든 subroutine의 마지막 매개변수에 정수형의 변수를 사용하여 반환값을 대신한다.

다음은 MPI Fortran 프로그램의 기본 구조이다. Fortran 언어에서는 소문자와 대문자를 구분하지 않기 때문에 소문자만을 사용하였다.

```
include "mpif.h"
integer :: err

call mpi_init(err)
…
call mpi_finalize(err)
```

3.2.2 병렬 프로세스의 수

MPI_Comm_size()는 가장 기본적인 MPI의 함수 중의 하나로서 통신 전달자 comm에서 사용하는 프로세스의 수를 변수 number_of_processes에 제공한다.

```
int MPI_Comm_size(
    MPI_Comm comm,              // in
    int* number_of_processes    // out
)
```

---

8) 일반적으로 MPI_Xxx(Xxx는 첫 번째 문자는 대문자, 이후는 소문자의 형태)는 MPI C 함수를 나타내며, MPI_XXX(모든 문자가 대문자의 형태)는 MPI에서 사용되는 상수를 나타낸다.

MPI_Comm_size() 함수는 프로세스의 그룹을 나타내는 통신 전달자(communicator)를 사용하여 이 통신에 가담하는 comm 변수의 프로세스 개수를 number_of_processes 변수에 반환한다. 통신 전달자 변수인 comm이 MPI 상수인 MPI_COMM_WORLD를 사용하게 되면 사용할 수 있는 모든 프로세스의 수를 나타내며 변수 number_of_processes는 "mpiexec의 -n" 옵션을 사용하여 제공하는 수와 동일하다. 통신 전달자에 대해서는 3.6절에서 자세히 설명한다.

MPI_Comm_size() 함수는 OpenMP의 omp_get_num_threads() 함수와 동일한 역할을 수행한다. OpenMP와는 달리 MPI에서는 프로세스의 수를 지정하는 함수는 없다.

위에서 함수의 설명에서 "in"으로 표시된 매개변수는 함수에 값을 제공하며(readable) "out"으로 표시된 매개변수는 함수로부터 제공받는(writable) 값을 지정한다. C 언어에서는 함수에 값을 전달하는 call-by-value를 사용하기 때문에 out 매개변수는 포인터를 사용하며, 함수에 주소를 전달하는 call-by-reference를 사용하는 Fortran 언어에서는 포인터를 사용하지 않는다.

3.2.3 병렬 프로세스의 식별 번호(ID)

다음의 MPI_Comm_rank() 함수는 통신 전달자 comm에서 각 프로세스의 고유 식별 번호(ID)를 rank 변수에 정의한다. 변수 comm에서의 프로세스 수를 np라고 가정하면 0부터 (np-1)까지의 숫자가 병렬로 지정된다. 이 함수는 OpenMP 프로그램에서의 omp_get_thread_num() 함수와 동일한 기능을 수행한다.

```
int MPI_Comm_rank(
    MPI_Comm comm,           // in
    int *rank                // out
)
```

MPI_Comm_rank() 함수는 가장 기본적인 MPI 함수로서 프로세스의 수를 제공하는 MPI_Comm_size() 함수와 함께 대부분의 MPI 프로그램에서 사용된다.

MPI를 사용하는 시스템에서는 mpiexec 명령을 사용하여 하나의 병렬 프로그램이 여러 프로세스에서 동시에 실행이 되면 데이터의 송신 및 수신 등에 있어서 프로세스에 따라 다른 역할로서 실행된다. 따라서 프로세스별로 다른 실행문을 하나의 프로그램에서 구현하기 위해서 프로세스의 고유번호인 ID를 사용하는 if-문으로 구분한다. 이런 방식의 병렬 프로그램을 SPMD(Single Program Multiple Data)라고 부르며 별도로 독립적인 프로그램을 실행되는 일반 통신 프로그램과는 구분된다. 이와 같이 MPI 병렬 프로그램은 여러 프로세스에서 개별 프로그램을 독립적으로 실행하는 형태이기 때문에 초보자는 병렬 프로그램을 구현하기가 쉽지 않지만 SPMD 방식의 프로그램 구조를 잘 이해하면 어렵지 않게 구현할 수 있다.

3.2.4 병렬 프로그램의 실행 시간 측정

다음 MPI_Wtime() 함수는 병렬 프로그램의 실행 시간을 측정하기 위한 함수이다. MPI_Wtime() 함수는 통신 전달자 변수를 사용하지 않으며 1장에서 설명한 C 언어에서 제공하는 gettimeofday() 함수와 동일한 결과를 얻을 수 있다. 사용상의 차이점은 gettimeofday() 함수의 반환값의 형은 long이지만 MPI_Wtime() 함수의 반환값의 형은 double이다.

```
double MPI_Wtime()
```

일반적으로 병렬 프로그램에서는 프로세스들이 서로 다른 계산을 진행할 때 프로세스 간에 실행 시간의 차이가 발생할 수 있다. 이때 병렬 프로그램에서 경과 시간의 측정은 가장 오래 진행하는 프로세스를 기준으로 측정한다. 이를 위하여 시간의 측정하기 이전에 모든 프로세스가 가장 오래 진행하는 프로세스가 마칠 때까지 기다리는 다음 함수를 사용하면 된다.

```
int MPI_Barrier(
    MPI_Comm comm // in
)
```

MPI_Barrier() 함수는 통신 전달자 comm의 모든 프로세스가 마칠 때까지 기다리는 동기화 역할을 한다. 따라서 MPI_Wtime() 함수를 호출하기 전에 MPI_Barrier() 함수를 호출하면 모든 프로세스에서 동일한 계산 시간의 결과를 얻을 수 있다.

3.3 점대점 (p2p) 통신

3.3.1 MPI_Send()와 MPI_Recv() 함수

MPI의 여러 데이터 전송 방식에서 가장 기본적인 방식인 점대점(p2p) 통신은 point-to-point 혹은 peer-to-peer 통신이라고 부른다. 하나의 프로세스의 변수에서 특정된 다른 하나의 프로세스의 변수로 데이터를 전송한다. 점대점 함수는 다음과 같이 MPI_Send()와 MPI_Recv()로 구성된다.

```
int MPI_Send(
    void *message,            // in
    int count,                // in
    MPI_Datatype datatype, // in
    int dest,                 // in
    int tag,                  // in
    MPI_Comm comm             // in
)

int MPI_Recv(
    void *message,            // out
    int count,                // in
    MPI_Datatype datatype, // in
    int source,               // in
    int tag,                  // in
    MPI_Comm comm,            // in
    MPI_Status *status        // out
)
```

변수 message는 통신하는 변수의 이름으로 MPI_Send()와 MPI_Recv()에서 같을 필요는 없으며 MPI_Send()에서는 값을 전달(in)하는 변수이지만 포인터를 사용한다. 변수 count는 데이터의 크기를 나타낸다. 변수 datatype은 변수의 형이며 표 3.1과 같이 MPI에서 지정된 상수를 사용한다. 표 3.1은 MPI 프로그램에서 사용하는 변수의 데이터형을 나타내는 MPI 상수들을 나열한다. Fortran 프로그램에서는 C 프로그램에서의 데이터형과 동일한 Fortran 데이터형의 이름을 그대로 사용해도 된다. 예를 들어 MPI_INT는 mpi_integer, MPI_FLOAT는 mpi_real 등으로 사용할 수 있다.

표 3.1 MPI_Datatype과 C, Fortran 변수의 형

MPI_Datatype	C data type	Fortran data type
MPI_CHAR	char	byte
MPI_SHORT	short int	integer * 2
MPI_INT	int	integer
MPI_LONG	long	integer * 8
MPI_UNSIGNED_CHAR	unsigned char	character
MPI_UNSIGNED_SHORT	unsigned short int	-
MPI_UNSIGNED	unsigned int	-
MPI_UNSIGNED_LONG	unsigned long int	-
MPI_FLOAT	float	real
MPI_DOUBLE	double	real * 8
MPI_LONG_DOUBLE	long double	real * 16
MPI_BYTE	char	byte

MPI_Send()에서 변수 dest와 MPI_Recv()에서 source는 전달하고자 하는 프로세스의 ID와 보내는 프로세스의 ID를 각각 나타내며 동일한 값을 사용한다. MPI_Recv() 함수에서 MPI_ANY_SOURCE 상수를 사용하면 송신하는 프로세스의 ID에 관계없이 값을 전송받을 수 있다. 변수 tag는 송수신 데이터에 정의되는 값으로서 동일한 값을 부여하는데 송수신 시에 dest와 source의 값에서 동일한 값을 사용해도 충분하기 때문에 일반적으로는 많이 사용되지 않으며 송수신하는 프로세스의 ID가 불확실한 경우 혹은 디버그할 때 사용된다. MPI_ANY_TAG 상수는 tag 값이 어떤 값이든 상관없을 때 사용할 수 있다. MPI_Comm 형의 변수 comm은 함수를 실행하는 프로세스가 속해 있는 통신 전달자(communicator)를 나타낸다.

C 프로그램의 MPI_Recv() 함수에서 status 변수(out)는 다음과 같이 MPI에서 제공하는 구조체형인 MPI_Status 형을 사용하며 실행 결과의 상태를 반환한다. 만약에 프로그램에서 status 값을 사용하지 않는 경우에는 MPI 상수인 MPI_STATUSES_IGNORE 상수를 이용할 수 있다. Fortran 프로그램에서는 정수형의 배열인 status(mpi_status_size)를 사용한다.

```
typedef struct _MPI_Status {
  int count;
  int cancelled;
  int MPI_SOURCE;
  int MPI_TAG;
  int MPI_ERROR;
} MPI_Status, *PMPI_Status;
```

다음 두 예제는 MPI_Send()와 MPI_Recv() 함수를 사용하여 N개의 프로세스를 사용할 때 프로세스 p_0과 다른 프로세스들(p_1,p_2,..,p_{n-1})의 사이에 문자열 데이터를 송수신하는 프로그램으로서 각 프로세스의 다른 역할을 이해할 수 있는 프로그램이다.

예제 3-1

ID가 0인 프로세스가 다른 모든 프로세스로 데이터("Hello")를 전송하는 C 프로그램을 구현하라.

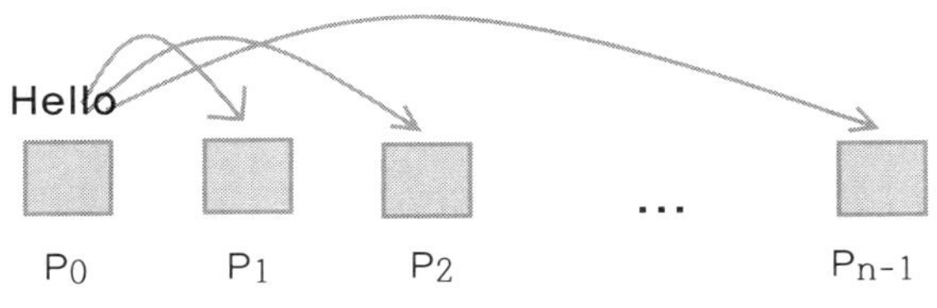

```
#include "mpi.h"
#include <stdio.h>
#include <string.h>

main(int argc, char* argv[])
{
   int np, pid, dest;
   int tag = 0;
   char message[100];
   MPI_Status status;

   char processor_name[80];
   int name_len;

   MPI_Init(&argc, &argv);
   MPI_Comm_size(MPI_COMM_WORLD, &np);
   MPI_Comm_rank(MPI_COMM_WORLD, &pid);

   MPI_Get_processor_name(processor_name, &name_len);
   printf("%s, rank %d ₩n", processor_name, pid);

   if (pid == 0) {
       sprintf(message, "Hello from process %d", pid);
       for (dest = 1; dest < np; dest++) {
            MPI_Send(message, strlen(message)+1, MPI_CHAR, dest,
                    tag, MPI_COMM_WORLD);
       }
   }
   else {
      MPI_Recv(message, 100, MPI_CHAR, 0, tag, MPI_COMM_WORLD, &status);
      printf("%d: %s ₩n", pid, message);
   }

   MPI_Finalize();
}
```

위 프로그램은 SPMD의 형태로서 모든 프로세스에서 실행이 되지만 프로세스 p0과 나머지 프로세스에서 다르게 실행이 되기 때문에 pid 변수를 사용하여 if-문으로 구분하였다. 먼저 해당 프로세스가 실행되는 서버의 이름을 문자열을 반환하는 함수인 MPI_Get_processor_name()를 호출하여 각 노드의 이름과 함께 해당 프로세스의 ID를 출력하였다. 이후 프로세스 p0은 나머지 프로세스들로 데이터를 전송하기 때문에 반복문을 사용하고 나머지 프로세스들은 한 번의 수신만 실행하였다. MPI_Recv() 함수를 호출하는 프로세스는 수신하는 데이터의 크기를 모르기 때문에 임의로 충분한 크기를 사용하였다. 앞에서 설명한 대로 변수 tag의 값은 단순히 같은 값(0)을 지정하였다. 상수 MPI_COMM_WORLD는 프로그램을 실행할 때 설정이 되는 모든 프로세스를 의미하는 상수이다.

다음은 실행 결과이다. 결과가 순서대로 출력이 되지 않는 이유는 하나의 화면에서 여러 프로세스들이 동시에 출력이기 때문이며 이 결과는 실행마다 달라질 수 있다. 실행 환경에서 계산 노드의 이름은 hpc이고 hpc 내의 5개의 프로세서를 사용한 결과이다.

```
hpc, rank 3
hpc, rank 4
hpc, rank 2
hpc, rank 1
hpc, rank 0
1: Hello from process 0
2: Hello from process 0
3: Hello from process 0
4: Hello from process 0
5: Hello from process 0
```

동일한 내용의 Fortran MPI 병렬 프로그램은 다음과 같다. Fortran 프로그램에서 MPI 함수를 호출할 때는 정상적인 실행 여부를 반환하는 C 프로그램의 함수와는 달리 마지막 매개변수에 저장하기 때문에 정수형의 변수(err)를 사용하였다. 또한 Fortran 프로그램에서는 문자형이 character이기 때문에 변수형을 나타내는 상수 mpi_char은 mpi_character을 사용하여도 된다. 앞에서 언급한 대로 MPI_Status 변수는 정수형의 배열을 사용하였다.

Fortran 언어에서는 함수를 호출할 때 변수의 메모리 주소값을 전달하는 call-by-reference

를 사용하기 때문에 MPI 함수를 호출할 때 변수명과 포인터를 구분하지 않아서 편리하다.

```
      program greeting
      implicit none
#include "mpif.h"
      integer np, pid, dest
      integer tag, status, err
      integer status(mpi_status_size)
      character*100 message

      character*80 processor_name
      integer name_len

      call mpi_init(err)
      call mpi_comm_rank(mpi_comm_world, pid, err)
      call mpi_comm_size(mpi_comm_world, np, err)

      call mpi_get_processor_name(processor_name, name_len, err)
      print('(A,i0)'), trim(processor_name)//", rank ", pid

      tag = 0
      if (pid .eq. 0) then
         write(message,'(A,i0)') "Hello from process ", pid
         do dest = 1, np-1
            call mpi_send(message, 100, mpi_char, dest, tag,
     1                    mpi_comm_world, err)
         enddo
      else
         call mpi_recv(message, 100, mpi_char, 0, tag,
     1                 mpi_comm_world, status, err)
        print('(i0,": " A)'), pid, trim(message)
      endif
      call mpi_finalize(err)
      end
```

예제 3.2는 예제 3.1의 응용 프로그램으로서 프로세스가 반대 방향으로 통신하는 프로그램이다.

◖ 예제 3-2 ◗

예제 3.1.과 반대 방향으로 ID가 0인 프로세스가 다른 모든 프로세스로부터 데이터를 수신하는 MPI C 프로그램을 구현하라.

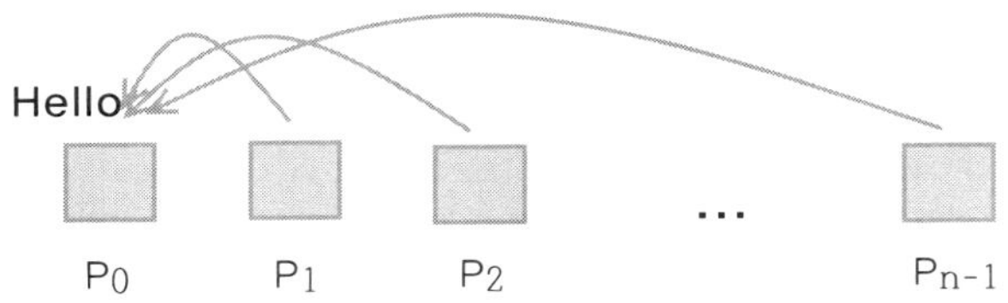


```
if (pid == 0)
    for (source = 1; source < np; source++) {
        MPI_Recv(message, 100, MPI_CHAR, 0, tag, MPI_COMM_WORLD, &status);
        printf("%d: %s ₩n", pid, message);
   }
else {
    sprintf(message, "Hello from process %d", pid);
    MPI_Send(message, strlen(message)+1, MPI_CHAR, 0, tag, MPI_COMM_WORLD);
}
```

이 프로그램은 예제 3.1의 구조와 동일하며 if-문만 바꾸어 구현하면 된다.

이제부터는 MPI의 점대점 통신 함수를 응용하는 프로그램을 좀 더 다양하고 복잡한 예제를 통하여 알아본다.

◖ 예제 3-3 ◗

프로세스 p_1에 있는 1차원 배열의 전반부를 프로세스 p_0으로 전송하여 후반부에 복사하는 C 프로그램을 구현하라.

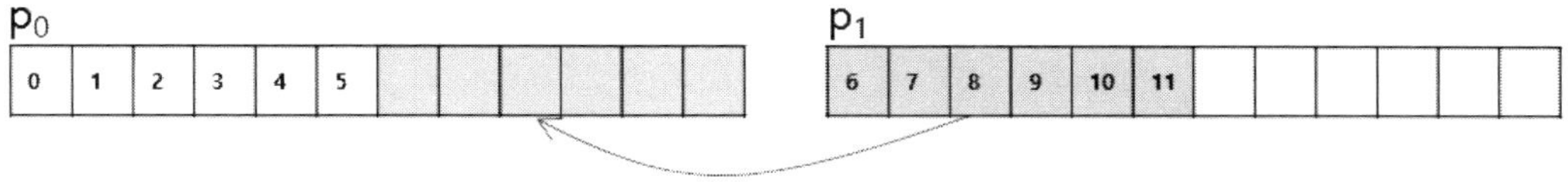


```
// initialize
for (i = 0; i < N/2; i++)
     A[i] = pid*(N/2)+i;
// collapse
if (pid == 1)
    MPI_Send(A, N/2, MPI_FLOAT, 0, tag, MPI_COMM_WORLD);
else if (pid == 0)
    MPI_Recv(A+N/2, N/2, MPI_FLOAT, 1, tag, MPI_COMM_WORLD, &status);
```

먼저 두 프로세스에서의 배열은 각각 해당 프로세스의 ID(pid)를 사용하여 절반을 초기화하였다. 이후 p_1에서는 MPI_Send() 함수에서 배열의 반(N/2)을 전송하고 p_0에서는 MPI_Recv() 함수에서 배열의 후반을 가리키는 주소값인 (A+N/2)을 사용하여 데이터를 전송받으면 된다.

다음 예제는 예제 3.3의 응용 프로그램이다.

◀ 예제 3-4 ▶

프로세스 p_1과 p_2의 1차원 배열의 1/3 부분을 프로세스 p_0으로 전송하여 해당하는 부분으로 복사하는 MPI C 프로그램을 구현하라.

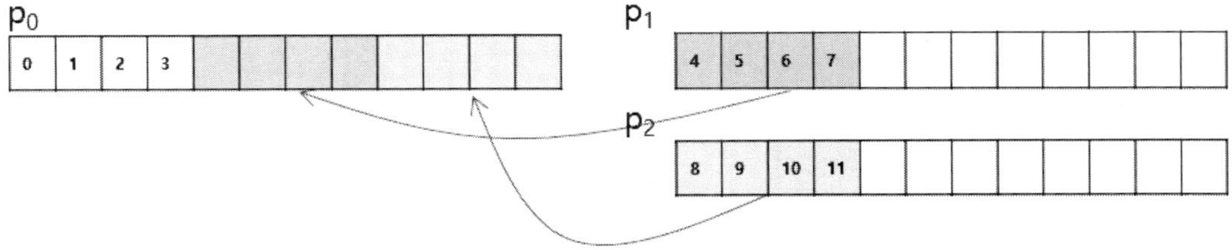

```
int local_N = N/3;
// initialize
for (i = 0; i < local_N i++)
    A[i] = pid*local_N+i
// collapse
if (pid != 0)
    MPI_Send(A, local_N, MPI_FLOAT, 0, tag, MPI_COMM_WORLD);
else
    for (i = 1; i < 3; i++)
        MPI_Recv(A+i*local_N, local_N, MPI_FLOAT, i, tag, MPI_COMM_
                    WORLD, &status);
```

예제 3.3과 유사하게 모든 프로세스에서 pid를 사용하여 배열을 초기화하고 이후에 p_0과 p_1에서는 배열의 1/3을 전송하고 p_0에서는 MPI_Recv() 함수에서 배열의 저장 위치인 (A + I * 1/3)에 전송받으면 된다.

다음 예제는 배열을 통합시키는 일반적인 프로그램이다. 예제 3.3과 3.4는 본 예제의 해당 변수를 사용하여 프로그램으로 대체할 수 있다.

◀ 예제 3-5 ▶

프로세스 p_0을 제외한 모든 프로세스의 1차원 배열의 프로세스의 수(np)로 나눈 앞부분을 프로세스 p_0으로 전송하는 MPI C 프로그램을 구현하라. 배열의 크기는 np로 나누어떨어진다고 가정한다.

```
#define N 12
int local_N = N/np;
// initialize
for (i = 0; i < local_N i++)
    A[i] = pid*local_N+i
// collapse
if (pid != 0)
```

```
    MPI_Send(A, local_N, MPI_FLOAT, 0, tag, MPI_COMM_WORLD);
else
    for (i = 1; I < np; i++)
        MPI_Recv(A+i*local_N, local_N, MPI_FLOAT, i, tag, MPI_COMM_
                 WORLD, &status);
```

예제 3.4에서 사용한 변수 local_N을 N과 np를 사용하여 계산하면 프로그램을 쉽게 구현할 수 있다.

Fortran 프로그램은 다음과 같다.

```
#define N 12
      program collapse
      implicit none
      include "mpif.h"
      real A(N)
      integer np, pid, local_N, i
      integer tag, err
      integer status(mpi_status_size)

      call mpi_init(err)
      call mpi_comm_rank(mpi_comm_world, pid, err)
      call mpi_comm_size(mpi_comm_world, np, err)

      local_N = N/np

c     initialize
      do i = 1, local_N
         A(i) = real(pid*local_N+i)
      enddo
      tag = 0
      if (pid .ne. 0) then
         call mpi_send(A, local_N, mpi_float, 0, tag,
     1                 mpi_comm_world, err)
```

```
      else
         do i=1, np-1
            call mpi_recv(A(i*local_N+1), local_N, mpi_float, i, tag,
     1                    mpi_comm_world, status, err)
         enddo
      endif
      if (pid .eq. 0) then
         do i = 1, N
            print*, A(i)
         enddo
      endif
      call mpi_finalize(err)
      end
```

이 프로그램은 N의 약수를 사용하여 다음과 같이 프로세스 수를 다양하게 변경하여 실행할 수 있다.

```
mpiexec -n 1 prog
mpiexec -n 2 prog
mpiexec -n 3 prog
mpiexec -n 4 prog
mpiexec -n 6 prog
mpiexec -n 12 prog
```

3.3.2 Immediate MPI_Isend()와 MPI_Irecv() 함수

MPI 점대점 통신 함수 MPI_Send()와 MPI_Recv()는 데이터의 송수신이 이루어질 때까지 다음 문장을 실행하지 않는다. 이와는 달리 함수 MPI_Isend()와 MPI_Irecv()는 함수의 호출 후에 다음 문장이 바로 실행되고 별도의 함수 MPI_Wait()를 통하여 데이터 송수신을 기다린다. 이 immediate 함수는 기다리지 않고 바로 다음 작업이 필요할 때 유용하게 사용될 수 있다. 두 함수 및 MPI_Wait() 함수는 다음과 같이 정의한다.

```
int MPI_Isend(
    void *message,           // in
    int count,               // in
    MPI_Datatype datatype,   // in
    int dest,                // in
    int tag,                 // in
    MPI_Comm comm            // in
    MPI_Request *requst      // out
)

int MPI_Irecv(
    void *message,           // out
    int count,               // in
    MPI_Datatype datatype,   // in
    int source,              // in
    int tag,                 // in
    MPI_Comm comm,           // in
    MPI_Request *requst      // out
)

int MPI_Wait(
    MPI_Request *requst,     // in, out
    MPI_Status *status       // out
)
```

위의 함수에서 request는 MPI_Isend(), MPI_Irecv() 함수와 MPI_Wait() 간에 통신을 식별하는 변수로서 MPI_Isend(), MPI_Irecv() 함수에서 생성하고 MPI_Wait()에서 이 값을 사용하여 통신이 종료될 때까지 기다린다.

다음은 예제 3.1을 MPI_Isend()와 MPI_Irecv()를 사용하여 구현한 C 프로그램으로서 MPI_Isend(), MPI_Irecv()와 MPI_Wait() 함수 중간에 다른 함수를 실행할 수 있음도 보여준다.

```
MPI_Request send_request, recv_request;
...
if (pid == 0) {
      sprintf(message, "Hello from process %d", pid);
      for (dest = 1; dest < np; dest++) {
          MPI_Isend(message, strlen(message)+1, MPI_CHAR,
                   dest, tag, MPI_COMM_WORLD, &send_request);
      printf("%d sent ₩n", pid);
      MPI_Wait(&send_request, &status);
    }
  }
  else {
      MPI_Irecv(message, 100, MPI_CHAR, 0, tag, MPI_COMM_WORLD,
               &recv_request);
      printf("%d received₩n", pid);
      MPI_Wait(&recv_request, &status);
      printf("%d: %s ₩n", pid, message);
  }
```

다음은 동일한 내용의 Fortran 프로그램이다.

```
      integer send_request, recv_request
      ...
      tag = 0
      if (pid .eq. 0) then
         write(message,'(A,i0)') "Hello from process ", pid
         do dest = 1, np-1
            call mpi_isend(message, 100, mpi_char, dest, tag,
     1                mpi_comm_world, send_request, err)
            print*, pid, "sent"
            call mpi_wait(send_request, status, err)
         enddo
      else
         call mpi_irecv(message, 100, mpi_char, 0, tag,
```

```
      enddo
   else
      call mpi_irecv(message, 100, mpi_char, 0, tag,
  1                mpi_comm_world, recv_request, err)
      print*, pid, "received"
      call mpi_wait(recv_request, status, err)
      print('(i0,": " A)'), pid, trim(message)
   endif
```

4개의 프로세스를 사용하여 실행한 결과는 다음과 같다. 볼드체의 문장이 MPI_Wait() 함수 이전에 실행이 된 것을 볼 수 있다.

```
hpc. rank 1
hpc, rank 2
hpc, rank 3
3 received
1 received
2 received
hpc, rank 0
0 sent
1: Hello from process 0
0 sent
0 sent
2: Hello from process 0
3: Hello from process 0
```

3.4 집합 (collective) 통신

집합 통신은 특정된 두 프로세스 간에 실행하는 점대점 통신과는 다르게 지정된 여러 프로세스들이 동시에 실행하는 통신 프로그램을 말한다. 집합 통신 함수는 점대점 함수를 반복 사용하여 구현 가능하다, 하지만 집합 통신 함수는 반복문을 사용하지 않고 쉽게 프로그램을 구현할 수 있으며 실행 성능도 점대점 함수를 반복하는 프로그램과 비교하여 떨어지지 않는다. 이 절에서 설명하는 대표적인 집합 통신 함수는 MPI_Bcast(), MPI_Reduce(), MPI_Scatter(), MPI_Gather(), MPI_Scatterv() 그리고 MPI_Gatherv() 등이 있다.

3.4.1 MPI_Bcast() 함수

MPI_Bcast() 함수는 통신 전달자 comm으로 지정된 프로세스 그룹에서 root으로 정의된 프로세스가 그룹 내의 다른 프로세스들로 동일한 데이터의 변수 message를 전송한다.

```
int MPI_Bcast(
    void *message,                  // in/out
    int count,                      // in
    MPI_Datatype datatype,          // in
    int root,                       // in
    MPI_Comm comm                   // in
)
```

매개변수 message는 송수신 변수로서 root 프로세스에서는 송신하기 때문에 함수에 값을 전달하는 in 기능을 하며 다른 프로세스들에서는 함수로부터 값을 수신 받는 out 기능을 한다.

다음 예제는 MPI_Bcast() 함수를 사용하여 쉽게 구현할 수 있는 프로그램으로서 점대점 함수를 사용한 프로그램과 비교할 수 있다.

◀ 예제 3-6 ▶

N개의 프로세스를 사용하는 프로그램에서 프로세스 p_0으로부터 p_1에서 p_{n-1}까지의 프로세스들로 float형의 data를 전송하는 C 프로그램을 구현하라.

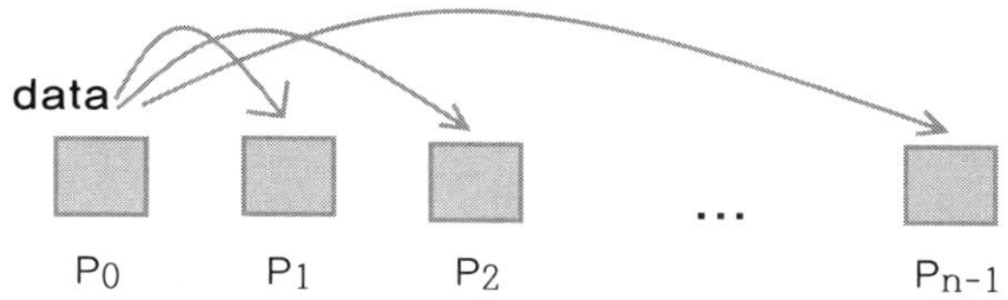


```
float data;
MPI_Bcast(&data, 1, MPI_FLOAT, 0, MPI_COMM_WORLD);
```

집합 통신을 사용하면 반복문이 필요 없기 때문에 간단하게 구현할 수 있는 장점이 있다. 다음은 위 프로그램을 점대점 통신을 이용하여 구현한 프로그램이다.

```
float data;
if (pid == 0)
    for (dest = 1; dest < np; dest++)
         MPI_Send(&data, 1, MPI_FLOAT, dest, tag, MPI_COMM_WORLD);
else
    MPI_Recv(&data, 1, MPI_FLOAT, 0, tag, MPI_COMM_WORLD, &status);
```

위 프로그램에서와 같이 프로세스 p_0에서 점대점 함수 MPI_Send() 함수를 (np-1) 번 반복하여 송신하는 경우에 수신하는 프로세스가 MPI_Recv()를 마칠 때까지 다른 프로세스들은 유휴 시간(idle time)을 갖게 되어 성능이 비효율적일 수 있다. 그림 3.2는 프로세스의 수(np)가 8인 경우에 유휴 시간을 최소화하기 위하여 최대한 동시에 통신을 할 수 있도록 $\log_2(np)$(=3)만큼 반복하는 형태를 보여준다. 스텝 1에서는 p_0이 p_1에 전송하고, 스텝 2에서는 p_0과 p_1이 p_2와 p_3에 전송한다. 마지막으로 스텝 3에서는 p_0, p_1, p_2와 p_3이 p_4, p_5, p_6과 p_7에 전송하면 모든 프로세스로 값이 전송이 완료된다.

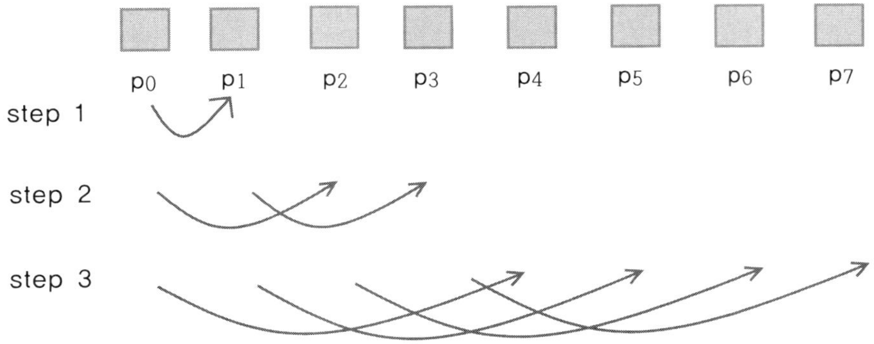

그림 3.2 $\log_2 8$의 반복 계산

다음 프로그램은 $\log_2(np)$ 만큼 반복하는 C 프로그램이다.

```
N = (int)(log(np)/log(2));
eor_bits = 1;
for (i = 0; i < N; i++) {
    if (pid < eor_bits<<1) {
        partner = pid ^ eor_bits;
        if (pid < eor_bits)
            MPI_Send(data, 1, MPI_INT, partner, tag, MPI_COMM_WORLD);
        else
            MPI_Recv(&data, 1, MPI_INT, partner, tag, MPI_COMM_WORLD,
                  &status);
    }
    eor_bits = eor_bits << 1;
}
```

위 프로그램에서 np를 8이라고 가정하면 전체 반복의 횟수는 3이 된다. eor_bits 변수는 2배씩 증가하며 통신에 가담하는 프로세스를 결정하고, XOR 논리 연산(·)을 사용하여 송수신하는 대상 프로세스를 계산한다.

다음은 반복 스텝 i 값에 따라 달라지는 변수들 eor_bit와 partner의 값을 나타내며 그림 3.2와 일치하는 것을 볼 수 있다.

```
i=0: eor_bit = 1
     partner: 0↔1
i=1: eor_bit = 2
     partner: 0↔2,1↔3
i=2: eor_bit = 4
     partner: 0↔4, 1↔5, 2↔6, 3↔7
```

실제로 logN의 반복 횟수를 사용한 프로그램을 실행했을 때 120개의 코어를 사용하여 MPI_Bcast() 함수를 사용한 프로그램보다 데이터의 크기에 따라 3~4배 성능의 개선을 보였다.

다음은 $\log_2$(np) 번 반복하여 전송하는 Fortran 프로그램이다.

```
      N = int(log(real(np))/log(2.0))
      eor_bits = 1
      do i = 1, N
        if (pid < eor_bits*2) then
           partner = xor(pid, eor_bits)
           if (pid < eor_bits) then
              call mpi_send(data, 1, mpi_integer, partner, tag,
     1                      mpi_comm_world, err)
           else
              call mpi_recv(data, 1, mpi_integer, partner, tag,
     1                      mpi_comm_world, status, err)
           endif
        endif
        eor_bits = eor_bits*2
      enddo
```

3.4.2 MPI_Reduce() 함수

MPI_Reduce() 함수는 MPI_Bcast() 함수와는 반대 방향으로 comm 그룹 내의 모든 프로세스들의 데이터가 root 프로세스로 전송하여 MPI_Op로 정의된 누적 계산을 한다.

```
int MPI_Reduce(
    void *operand,          // in
    void *result,           // out
    int count,              // in
    MPI_Datatype datatype,  // in
    MPI_Op operator,        // in
    int root,               // in
    MPI_Comm comm           // in
)
```

변수 operand는 모든 프로세스에 있는 피연산자 데이터이며 계산 결과가 root 프로세스의 result 변수로 저장된다. 변수 count는 배열을 사용하는 경우 계산하는 원소들의 수를 나타낸다. 계산 연산자 MPI_Op는 표 3.2와 같다.

표 3.2 MPI_Reduce()에서 사용하는 MPI_Op

MPI_Op	설명
MPI_MAX	최대값
MPI_MIN	최소값
MPI_SUM	합
MPI_PROD	곱
MPI_LAND	logical AND
MPI_BAND	Bit AND
MPI_LOR	logical OR
MPI_BOR	bit OR
MPI_LXOR	logical XOR
MPI_BXOR	bit XOR
MPI_MAXLOC	최대값, 위치
MPI_MINLOC	최소값, 위치

예제 3-7

모든 프로세스의 local_data를 프로세스 p_0의 data로 합하는 C 프로그램을 구현하라.

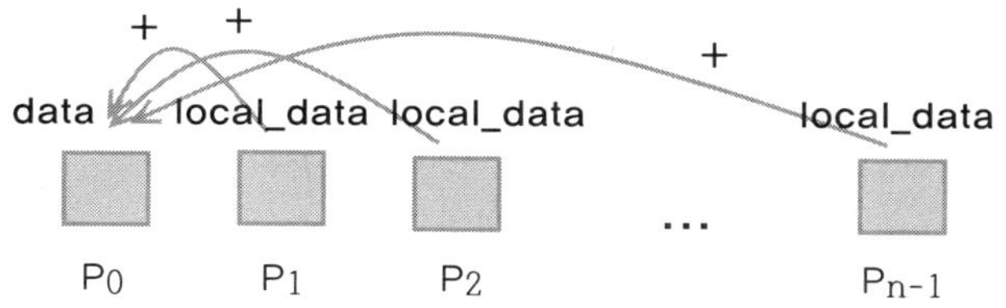


```
float data, local_data;
MPI_Reduce(&local_data, &data, 1, MPI_FLOAT, MPI_SUM, 0, MPI_COMM_WORLD);
```

다음은 위 프로그램을 점대점 통신을 이용하여 구현한 프로그램이다. p_0에서는 local_data 값도 계산에 포함되기 때문에 이 값을 data의 초기값으로 설정하였다.

```
if (pid == 0) {
    data = local_data
    for (source = 1; source < np; source++) {
        MPI_Recv(&local_data, 1, MPI_FLOAT, source, tag, MPI_COMM_
                WORLD, &status);
        data += local_data
    }
}
else
    MPI_Send(&data, 1, MPI_FLOAT, 0, tag, MPI_COMM_WORLD);
```

예제 3-8

두 개의 1차원 정수형 배열들의 점곱(dot product)을 계산하여 반환하는 MPI C 프로그램 함수를 구현하라. 배열들은 동일한 크기의 블록으로 분할이 되어 있다고 가정한다.

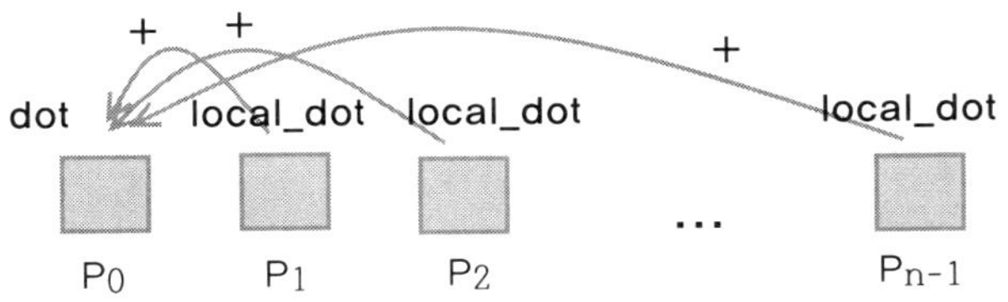


```
float dot_prod(float x[], float y[], int n)
{
   float local_dot = 0.0, dot = 0.0;
   int i

   // serial dot product
   for (i = 0; i < n; i++)
      local_dot += x[i] * y[i];

   MPI_Reduce(&local_dot, &dot, 1, MPI_FLOAT, MPI_SUM, 0,
              MPI_COMM_WORLD);
   return dot;
}
```

동일한 Fortran 프로그램은 다음과 같다.

```
      real function dot_prod(x, y, n)
      implicit none
      include "mpif.h"
      real x(n), y(n)
      real local_dot
      integer n, err, i

c     serial dot product
      local_dot = 0.0
      do i = 1, n
         local_dot = local_dot +  x(i) * y(i)
      enddo
```

```
    call mpi_reduce(local_dot, dot_prod, 1, mpi_real, mpi_sum, 0,
   1                mpi_comm_world, err);

    return
    end
```

다음 예제는 MPI_Reduce() 함수에서 MPI_MAXLOC 연산자를 사용하는 프로그램이다. MPI_MAXLOC 연산자를 사용하면 최대값 및 최대값의 인덱스를 동시에 구할 수 있다.

◖ 예제 3-9 ◗

MPI_Reduce 함수를 사용하여 1차원 배열의 최대값 및 최대값의 인덱스 위치를 구하는 C 프로그램을 구현하라.

```
float A[N], B[N], max, gmax;
int np, pid, local_N, maxloc, source, i;
MPI_Status status;
struct {
  float max;
  int   loc;
} max_str, gmax_str;
...
local_N = N/np;
MPI_Scatter(A, local_N, MPI_FLOAT, B, local_N, MPI_FLOAT, 0,
            MPI_COMM_WORLD);

float A[N], B[N], max, gmax;
int np, pid, local_N, maxloc, source, i;
MPI_Status status;
struct {
  float max;
  int   loc;
```

```
} max_str, gmax_str;
...
local_N = N/np;
MPI_Scatter(A, local_N, MPI_FLOAT, B, local_N, MPI_FLOAT, 0,
            MPI_COMM_WORLD);

max_str.max = B[0];
max_str.loc = 0;
for (i=1; i<local_N; i++) {
   if (max_str.max < B[i]) {
       max_str.max = B[i];
       max_str.loc = i;
   }
}
max_str.loc += pid*local_N;
MPI_Reduce(&max_str, &gmax_str, 1, MPI_FLOAT_INT, MPI_MAXLOC,
           0, MPI_COMM_WORLD);
```

먼저 1차원 배열을 MPI_Scatter() 함수를 사용하여 모든 프로세스로 분할하였다. 이때 보내는 배열 A와 받는 배열 B는 다른 버퍼를 사용하기 때문에 다른 변수를 사용하였다. MPI_Scatter() 함수에 대해서는 다음 절에서 설명한다.

모든 프로세스는 분할된 배열 B에서 원소들의 최대값과 그 위치를 순차적으로 찾고 위치값에 pid*local_N 값을 더하여 분할 이전 A에서의 위치를 계산하였다. 배열 B는 크기가 N이지만 분할되었기 때문에 실제 사용 크기는 local_N이다. 마지막으로 모든 프로세스에서의 최대값과 위치의 구조체 변수인 max_str 변수로 MPI_Reduce() 함수를 호출하여 프로세스 0에서 전체의 최대값과 인덱스인 gmax_str를 구하였다. 구조체 변수 max_str와 gmax_str는 실수형과 정수형으로 구성이 되어서 MPI_FLOAT_INT 형을 사용하였다.

Fortran 프로그램은 다음과 같다. Fortran에서는 구조체를 사용할 수 없기 때문에 mpi_reduce() 함수에서 크기가 2인 배열과 mpi_2real 형을 사용하였다.

```
real max_arr(2), gmax_arr(2)
...
max_arr(1)= B(1)
max_arr(2) = real(1);
do i=1, local_N
   if (max_arr(1) < B(i)) then
       max_arr(1) = B(i)
       max_arr(2) = i
   endif
enddo
max_arr(2) = max_arr(2) + pid*local_N

call mpi_reduce(max_arr, gmax_arr, 2, mpi_2real,
1                 mpi_maxloc, 0, mpi_comm_world, err)
```

다음 함수 MPI_Allreduce()는 MPI_Reduce()와 MPI_Bcast()를 함께 실행하는 함수로서 root 프로세스를 지정하지 않고 모든 프로세스에서 계산의 결과를 사용할 수 있다. 예제 3.25에서 이 함수를 사용한 프로그램을 볼 수 있다.

```
MPI_Allreduce(
    void* send_data,         // in
    void* recv_data,         // out
    int count,               // in
    MPI_Datatype datatype,   // in
    MPI_Op op,               // in
    MPI_Comm comm            // in
}
```

3.4.3 MPI_Scatter()과 MPI_Gather() 함수

MPI_Scatter() 함수는 그림에서와 같이 comm으로 설정된 프로세스 그룹에서 root 프로세스(p_0)가 그룹 내의 다른 프로세스들로 배열 데이터를 주어진 크기로 분할한다.

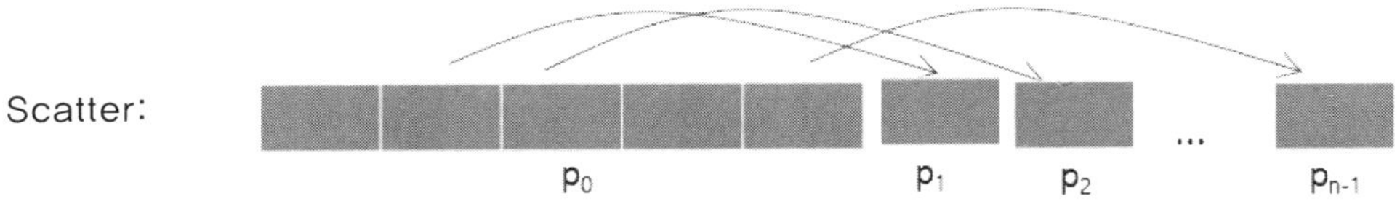


```
int MPI_Scatter(
    void *send_data,           // in
    int send_count,            // in
    MPI_Datatype send_type, // in
    void *recv_data,           // out
    int recv_count,            // in
    MPI_Datatype recv_type, // in
    int root,                  // in
    MPI_Comm comm              // in
 )
```

MPI_Gather() 함수는 MPI_Scatter() 함수와는 반대로 주어진 크기의 데이터를 root 프로세스(p_0)를 제외한 다른 프로세스로부터 root 프로세스의 데이터로 통합한다.

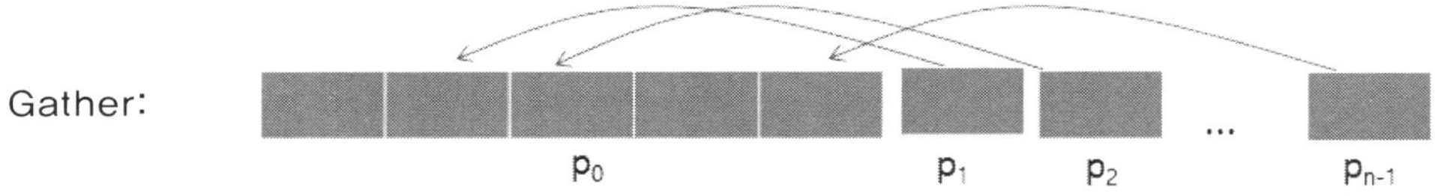

```
int MPI_Gather(
    void *send_data,          // in
    int send_count,           // in
    MPI_Datatype send_type,   // in
    void *recv_data,          // out
    int recv_count,           // in
    MPI_Datatype recv_type,   // in
    int root,                 // in
    MPI_Comm comm             // in
)
```

통신하는 데이터는 다른 통신 함수와 마찬가지로 이름, 크기, 변수형으로 표현하며 send_ 변수들은 전송하는 데이터를, recv_ 변수들은 수신하는 데이터를 나타낸다. 일반적으로 send_data와 recv_data 변수값을 제외한 다른 send_ 변수들과 recv_ 변수들의 데이터는 같은 값을 사용한다.

예제 3-10

MPI_Scatter()을 사용하여 1차원 배열 데이터를 같은 크기의 블록으로 나누어 각 프로세스에 분할하는 C 프로그램을 구현하라.

```
float A[N], B[N/np];
MPI_Scatter(A, N/np, MPI_FLOAT, B, N/np, MPI_FLOAT, 0, MPI_COMM_WORLD);
```

배열 A는 프로세스 0에서의 1차원 배열이며, 배열 B는 모든 프로세스에서 프로세스의 수 np로 분할된 크기의 배열이다. 다음은 예제 3.10 프로그램을 점대점 통신을 이용하여 구현한 프로그램이다.

```
if (pid == 0)
    for (dest = 1; dest < np; dest++)
         MPI_Send(A+(N/np)*dest, N/np , MPI_FLOAT, dest, tag, MPI_
                    COMM_WORLD);
else
   MPI_Recv(B, N/np, MPI_FLOAT, 0, tag, MPI_COMM_WORLD, &status);
```

◀ 예제 3-11 ▶

예제 3.10과 반대의 형태로 MPI_Gather()를 사용하여 1차원 배열을 p_0 프로세스의 배열로 통합하는 C 프로그램을 구현하라.

```
float A[N], B[N/np];
MPI_Gather(B, N/np, MPI_FLOAT, A, N/np, MPI_FLOAT, 0, MPI_COMM_WORLD);
```

다음은 예제 3.11 프로그램을 점대점 통신을 이용하여 구현한 프로그램이다.

```
if (pid == 0)
    for (source = 1; source < np; source++) {
         MPI_Recv(A+(N/np)*source, N/np, MPI_FLOAT, source,
                    tag,MPI_COMM_WORLD, &status);
else
    MPI_Send(B, N/np, MPI_FLOAT, 0, tag, MPI_COMM_WORLD);
```

◀ 예제 3-12 ▶

두 배열 A와 B의 원소들의 합을 구하는 프로그램을 MPI C 프로그램을 MPI_Scatter()과 MPI_Gather()를 사용하여 구현하라.

```
for (i=0; i<N i++)
    C[i] = A[i] + B[i];
```

↓

```
local_N = N/np;
// distributes to p(1)..p(n-1)
MPI_Scatter(A, local_N, MPI_INT, local_A, local_N, MPI_INT, 0,
            MPI_COMM_WORLD);
MPI_Scatter(B, local_N, MPI_INT, local_B, local_N, MPI_INT, 0,
            MPI_COMM_WORLD);

// adds on each process
for (i=0; i<local_N i++)
    local_C[i] = local_A[i] + local_B[i];

// composes to P0
MPI_Gather(local_C, local_N, MPI_INT, C, local_N, MPI_INT, 0,
           MPI_COMM_WORLD);
```

병렬로 계산하기 위해서 프로그램은 3단계로 나누어 진행한다.

❶ MPI_Scatter()을 사용하여 배열 A와 B의 분할

❷ 모든 프로세스에서 분할된 배열의 병렬 계산

❸ MPI_Gather()을 사용하여 배열 C를 프로세스 p_0에서의 배열로 통합

Fortran 프로그램은 다음과 같다.

```
c     distributes to p(1)..p(n-1)
      call mpi_scatter(A, local_N, mpi_real, local_A, local_N, mpi_real,
     1            0, mpi_comm_world, err);
      call mpi_scatter(B, local_N, mpi_real, local_B, local_N, mpi_real,
     1            0, mpi_comm_world, err)
c     adds on each process
      do i = 1, local_N
         local_C = local_A(i) + local_B(i)
      enddo
c     dds on each process
      call mpi_gather(local_C, local_N, mpi_real, C, local_N, mpi_real,
     1           0, mpi_comm_world, err);
```

다음 예제는 2.5절에서의 병렬 정렬 알고리즘으로 MPI를 사용하여 구현한 프로그램이다.

◀ 예제 3-13 ▶

크기가 N인 배열을 정렬하는 MPI C 프로그램을 구현하라. N은 프로세스의 수로 나누어지고 프로세스의 수는 2^n(n은 정수)으로 가정한다.

```
    MPI_Scatter(A, local_N, MPI_FLOAT, B, local_N, MPI_FLOAT, 0,
                MPI_COMM_WORLD);

    for (i=0; i<local_N; i++)
       A[i] = B[i];

    // sorts on all processes
    for (j=0; j<local_N-1; j++) {
       for (i=j+1; i<local_N; i++) {
          if (A[j] > A[i]) {
             temp = A[j];
             A[j] = A[i];
             A[i] = temp;
       }
```

```
    }
}

logN = (int)(log2(np));
eor_bit = np;
cmp = local_N;
for (i = 0; i < logN; i++) {
    if (pid < eor_bit) {
        eor_bit = eor_bit >> 1;
        partner = pid ^ eor_bit;
        if (pid >= eor_bit)
            MPI_Send(A, cmp, MPI_FLOAT, partner, tag, MPI_COMM_
                    WORLD);
    else {
        MPI_Recv(A+cmp, cmp, MPI_FLOAT, partner, tag,
                 MPI_COMM_WORLD, &status);
        n = 0; j = 0; k = cmp;
        while ((j<cmp) && (k<(cmp<<1))) {
            if (A[j] <= A[k])
                B[n++] = A[j++];
            else
                B[n++] = A[k++];
        }
        if (j<cmp)
            for (; j<cmp; j++)
                B[n++] = A[j];
        else if (k < (cmp<<1))
            for (; k < (cmp<<1); k++)
                B[n++] = A[k];
    }
}

    cmp = cmp << 1;
    for (j=0; j<cmp; j++)
        A[j] = B[j];
}
```

병렬 프로그램은 먼저 모든 프로세스가 분할된 배열을 정렬하고 이후 모든 프로세스가 병합 과정에 참여하여 정렬을 완료한다. 다음은 병렬 정렬 프로그램의 기본 형태이다.

- **step 1 :** 배열을 분할하여 프로세스로 전송
- **step 2 :** 모든 프로세스에서 분할된 데이터를 정렬
- **step 3 :** $\log_2 N$ 수만큼의 반복으로 인접한 프로세스로 병합

Step 1에서는 MPI_Scatter() 함수를 사용하여 배열 A를 분할하였다. 이때 송수신하는 데이터는 동일한 버퍼를 사용할 수 없기 때문에 배열 B를 사용하고 다시 A로 복사하였다. Step 2에서는 모든 프로세스가 동시에 분할된 배열을 순차적으로 정렬하였다. Step 3에서는 예제 3.6에서 제시한 $\log_2 N$ 알고리즘을 사용하여 프로세스 간에 점대점 통신으로 데이터를 전송하였다. 데이터를 수신할 때는 배열 A의 후반부가 비어 있기 때문에 배열 포인터 A+cmp를 사용하였다. 이때 cmp 변수는 반복문에서 정렬이 완성된 배열의 크기를 나타내는 값이다. 데이터를 전송받은 프로세스에서는 원래의 배열과 받은 배열을 크기를 비교하여 배열 B를 임시로 이용하여 순서대로 저장하면 두 배 크기로 정렬이 완료된 병합 배열이 된다. 병합을 $\log_2 N$ 수만큼 반복하면 최종적으로 프로세스 0에서는 전체적으로 정렬이 완료된 배열을 구할 수 있게 된다.

동일한 알고리즘으로 구현한 MPI Fortran 정렬 프로그램은 다음과 같다.

```
      call mpi_scatter(A, local_N, mpi_real, B, local_N, mpi_float, 0,
     1                 mpi_comm_world, err);

      do i=1, local_N
         A(i) = B(i)
      enddo

c     sorts on all processes
      do j=1, local_N-1
         do i=j+1, local_N
            if (A(j) > A(i)) then
```

```
        temp = A(j)
        A(j) = A(i)
        A(i) = temp
      endif
    enddo
  enddo

  tag = 0
  logN = int(log(real(np))/log(2.0))
  eor_bit = np
  cmp  = local_N
  do i = 1, logN
    if (pid < eor_bit) then
       eor_bit = eor_bit/2
       partner = xor(pid, eor_bit)
       if (pid >= eor_bit) then
          call mpi_send(A, cmp, mpi_real, partner, tag,
1                     mpi_comm_world, err)
      else
          call mpi_recv(A(cmp+1), cmp, mpi_real, partner, tag,
1                     mpi_comm_world, status, err)
          n = 1
          j = 1
          k = cmp+1
          cmp2 = cmp*2
          do while ((j<=cmp).and.(k<=cmp2))
             if (A(j) <= A(k)) then
                B(n) = A(j)
                n = n + 1
                j = j + 1
            else
                B(n) = A(k)
                n = n + 1
                k = k + 1
            endif
          end do
```

```
            if (j <= cmp) then
               do j = j, cmp
                  B(n) = A(j)
                  n = n + 1
              enddo
            else if (k <= cmp2) then
               do k = k, cmp2
                  B(n) = A(k)
                  n = n + 1
               enddo
            endif
         endif
      endif
      cmp = cmp2
      do j=1, cmp
         A(j) = B(j)
      enddo
   enddo
```

다음 MPI_Allscatter()과 MPI_Allgather() 함수는 모든 프로세스에서 분할하고 통합한 같은 데이터를 저장한다. 따라서 MPI_Scatter()과 MPI_Gather()과는 달리 root 프로세스를 지정하지 않는다.

```
int MPI_Allscatter(
    void *send_data,         // in
    int send_count,          // in
    MPI_Datatype send_type, // in
    void *recv_data,         // out
    int recv_count,          // in
    MPI_Datatype recv_type, // in
    MPI_Comm comm            // in
)
```

```
int MPI_Allgather(
    void *send_data,            // in
    int send_count,             // in
    MPI_Datatype send_type, // in
    void *recv_data,            // out
    int recv_count,             // in
    MPI_Datatype recv_type, // in
    MPI_Comm comm               // in
)
```

3.4.4 MPI_Scatterv()과 MPI_Gatherv() 함수

MPI_Scatter()과 MPI_Gather()은 동일한 크기의 분할과 통합만이 가능하지만 MPI_Scatterv[9]()와 MPI_Gatherv()는 크기가 다른 경우에 사용하는 함수이다. 이 두 함수는 comm으로 설정된 프로세스 그룹에서 root 프로세스에서의 1차원 배열을 그룹 내의 다른 프로세스들에 원하는 크기의 데이터로 분할(MPI_Scatterv())하거나 통합(MPI_Gatherv))한다.

```
int MPI_Scatterv(
    void *send_data,            // in
    int *send_counts,           // in
    int *displs,                // in
    MPI_Datatype send_type, // in
    void *recv_data,            // out
    int recv_count,             // in
    MPI_Datatype recv_type, // in
    int root,                   // in
    MPI_Comm comm               // in
)
```

9) v는 various의 약자이다.

```
int MPI_Gatherv(
    void *send_data,          // in
    int send_count,           // in
    MPI_Datatype send_type,   // in
    void *recv_data,          // out
    int *recv_counts,         // in
    int *displs,              // in
    MPI_Datatype recv_type,   // in
    int root,                 // in
    MPI_Comm comm,            // in
)
```

MPI_Scatterv(), MPI_Gatherv() 함수가 MPI_Scatter(), MPI_Gather() 함수와 다른 부분은 볼트체로 나타내었다. MPI_Scatterv()는 root 프로세스에서 배열 데이터를 다른 프로세스들로 각각 다른 크기로 분할하여 송신하기 때문에 MPI_Scatter()와는 달리 데이터의 크기(send_counts)와 변위값(displs)을 사용한다. 이때 데이터의 크기와 변위값은 수신하는 프로세스별로 다르기 때문에 수신하는 프로세스의 수 크기의 1차원 배열을 사용한다. 반면에 수신하는 각 프로세스에서는 하나의 데이터를 수신하기 때문에 변위값은 사용하지 않고 MPI_Scatter()에서와 같이 데이터의 크기만 정의한다.

MPI_Gatherv()는 반대로 root 프로세스에서 수신하고자 하는 데이터의 크기(recv_counts)와 송신하는 프로세스 수 크기의 1차원 배열인 변위값(displs)을 사용한다.

다음은 MPI_Scatterv()와 MPI_Gatherv()에서 변위값의 사용 방식을 이해하기 위한 예제이다.

◀ 예제 3-14 ▶

이 예제는 두 프로그램으로 나누어진다.

(1) 프로세스 p_0에서 크기가 10인 1차원 배열 A(=[0, 10, 20, 30, 40, 50, 60, 70, 80, 90]에서 크기가 2(=[10, 20]), 3(=[20, 30, 40]), 4(=[30, 40, 50, 60]), 1(=[40])인 배열을 추출하여 p_0, p_1, p_2, p_3로 전송하는 프로그램을 MPI_Scatterv()를 사용하여 구현하라.

(2) 모든 프로세스에서 전송받은 배열을 다시 프로세스 p_0의 배열 B로 전송하는 프로그램을 MPI_Gatherv() 함수를 사용하여 구현하라.

```
int A[10], B[10];
int displs[4], counts[4], i, j;
int np, pid
...
if (pid == 0) {
    for (i=0; i<10; i++)
         A[i] = i*10;
}
counts[0] = 2; counts[1] = 3; counts[2] = 4; counts[3] = 1;
displs[0] = 1; displs[1] = 2; displs[2] = 3; displs[3] = 4;

// (1)
MPI_Scatterv(A, counts, displs, MPI_INT, B, counts[pid], MPI_INT, 0,
             MPI_COMM_WORLD);

// (2)
displs[0] = 0; displs[1] = 2 ; displs[2] = 5; displs[3] = 9;
MPI_Gatherv(B, counts[pid], MPI_INT, A, counts, displs, MPI_INT, 0,
            MPI_COMM_WORLD);
```

프로그램에서 displ 배열의 각 원소의 값은 배열의 첫 값 위치와의 차이를 나타낸다. 따라서 프로그램 (1)에서는 프로세스 0에서 분할하는 배열은 displ(= [1,2,3,4])과 counts(= [2,3,4,1])의 값을 사용하여 [10, 20], [20, 30, 40], [30, 40, 50, 60], [40]의 배열들로 나누어 송신하였다. 수신하는 프로세스에서는 하나의 배열만 수신하기 때문에 해당 프로세스에서 배열의 크기인 counts[pid]를 사용하였다.

프로그램 (2)에서는 프로세스 0에서 하나의 배열로 통합하기 위하여 배열 counts(= [2,3,4,1])의 값들을 사용하여 모든 프로세스들로부터 [10, 20], [20, 30, 40], [30, 40, 50, 60], [40]의 배열을 전송받아 displ(= [0,2,5,9])에서 정해진 대로 배치하게 된다. (1)에서와 마찬가지로 송신하는 프로세스는 하나의 배열을 송신하기 때문에 크기를 나타내는 counts[pid] 값을 사용하였다.

MPI_Scatterv()와 MPI_Gatherv()를 위한 두 배열 counts와 displs의 값과 배열에서의 위치는 다음 그림에서와 같다.

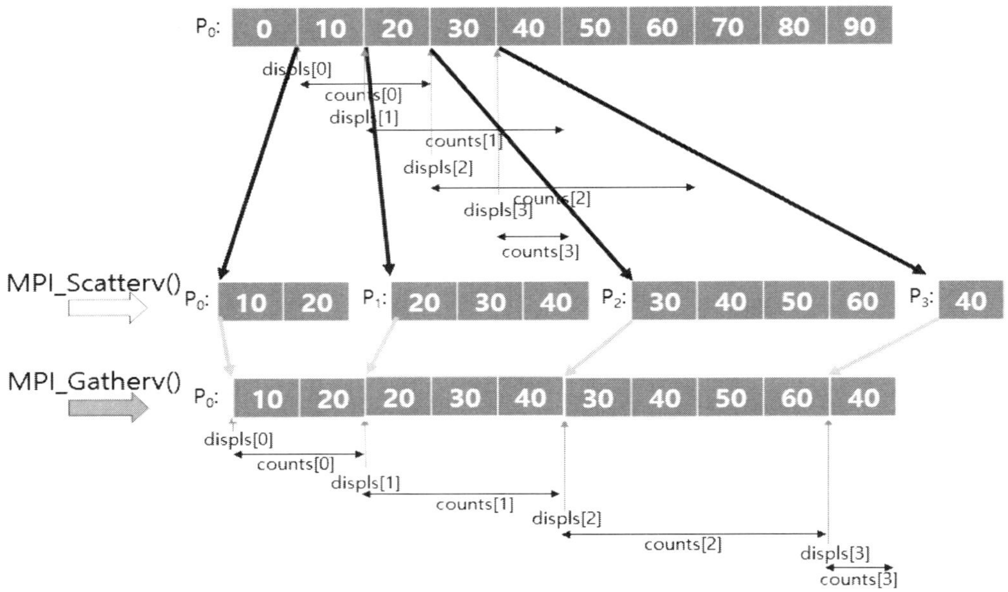

Fortran 프로그램은 다음과 같다.

```
      integer A(N), B(N), counts(4), displs(4)
      ...
c     initialize
      if (pid .eq. 0) then
         do i = 1, N
            A(i) = (i-1)*10
         enddo
      endif
      counts = (/2,3,4,1/)
      displs = (/1,2,3,4/)
```

```
c      (1)
       call mpi_scatterv(A, counts, displs, mpi_int, B, counts(pid+1),
     1                   mpi_int, 0, mpi_comm_world, err)
c      (2)
       displs = (/0,2,5,9/)
       call mpi_gatherv(B, counts(pid+1), mpi_int, A, counts, displs,
     1                  mpi_int, 0, mpi_comm_world, err)
```

다음 예제는 2차원 배열(행렬)을 모든 프로세스로 분할하여 계산하고 다시 통합하는 프로그램이다. 2차원 배열은 메모리에 1차원으로 저장되기 때문에 분할 전송하는 2차원 배열의 행과 열의 위치를 계산하여야 한다. 이때 행과 열의 위치로 변위값을 계산하여 MPI_Scatterv()와 MPI_Gatherv() 함수를 사용하면 쉽게 분할할 수 있다.

예제 3-15

프로세스 p_0에서의 2차원 정방형 배열 A[N][N]을 2차원 구조의 모든 프로세스들의 (N/np)×(N/np) 크기의 local_A로 분할(decomposition)하고 다시 프로세스 p_0으로 통합(composition)하는 프로그램을 구현하라. 프로세스의 수는 np×np로 가정한다. 다음 그림은 A의 첫 번째 MPI_Scatterv()와 MPI_Gatherv()의 사용을 보여준다.

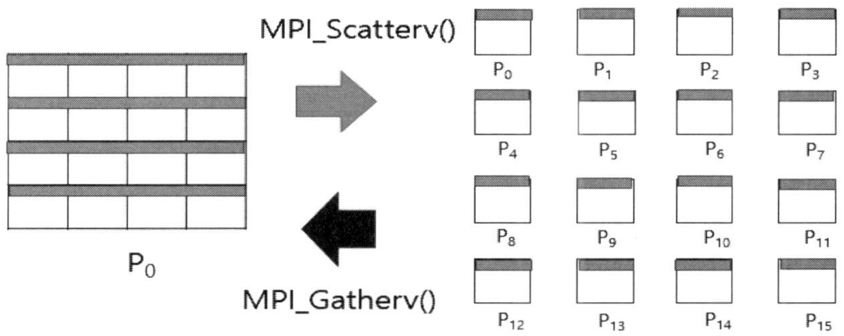

```
n = 0;
for (i=0; i<np; i++) {
    for (j=0; j<np; j++) {
        displs[n] = i*local_N*N+j*local_N;
        counts[n++] = local_N;
  }
}

for (i=0; i<local_N i++)
    MPI_Scatterv(&A[i][0], counts, displs, MPI_INT, &local_A[i][0],
                 local_N, MPI_FLOAT, 0, MPI_COMM_WORLD);

for (i=0; i<local_N i++)
    MPI_Gatherv(&local_A[i][0], local_N, MPI_INT, &A[i][0], counts,
                displs, MPI_FLOAT, 0, MPI_COMM_WORLD);
```

다음 그림은 프로그램에서 배열 counts와 displs의 값이 사용되는 방식을 보여준다. local_N은 배열의 행(혹은 열) 크기 N을 프로세스의 가로(혹은 세로)수 np로 나눈 값이며 그 값은 배열 counts에 동일한 값이 저장된다. 배열 displs의 값은 전체 배열에서 분할하고자 하는 2차원 위치의 값과 N과 local_N을 사용하여 계산할 수 있다. 예를 들어 그림에서와 같이 p_{11}의 위치가 2차원으로는 (2,3)[10]이기 때문에 p_0에서 전송하고자 하는 부분 배열은 전체 배열에서의 위치값 displs[11]은 (2 * local_N * N) * 3 * (local_N)으로 계산된다.

10) $11 = 2 \times np + 3,\ np = 4$

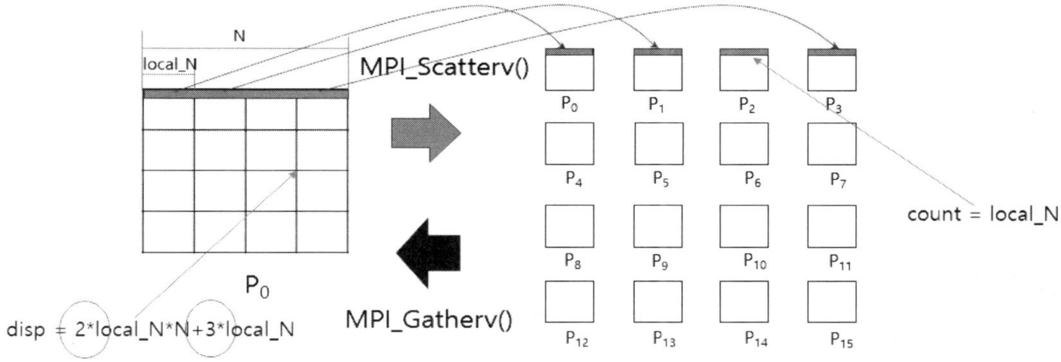

프로세스 root(p0)에서는 MPI_Scatterv() 함수를 사용하여 A[0][0], A[1][0], …, A[local_N-1][0] 들의 포인터와 해당하는 displs의 값들을 사용하여 하나의 행씩 모든 프로세스로 반복하여 분할한다. MPI_Gatherv() 함수를 사용하는 데이터의 통합은 같은 방식으로 매개변수를 사용하면 된다.

Fortran 프로그램은 다음과 같다. Fortran 프로그램은 C와는 달리 배열 값들이 열 위주로 저장되기 때문에 displs 배열의 값은 i * local_N * + * j * local_N * N의 식으로 계산이 되어야 한다.

```
n = 1
do i=0, np-1
   do j=0, np-1
      displs(n) = i*local_N+j*local_N*N
      counts(n) = local_N
      n = n+1
   enddo
enddo

do i=1, local_N
   call mpi_scatterv(A(1,i), counts, displs, mpi_int,
1     local_A(1,i), counts(pid+1), mpi_int, 0, mpi_comm_world, err)
enddo
local_A = local_A+1
```

```
do i=1, local_N
   call mpi_gatherv(local_A(1,i), counts(pid+1), mpi_int, A(1,i),
1     counts, displs, mpi_int, 0, mpi_comm_world, err)
enddo
```

3.5 통신 데이터의 그룹화

3.5.1 구조체(struct) 타입

지금까지는 하나의 데이터 혹은 메모리에서 연속된 데이터인 배열을 송수신하는 MPI 함수에 대하여 알아보았다. 이 절에서는 연속으로 저장되지 않은 두 개 이상의 데이터를 저장된 주소를 사용하여 한 번에 전송하는 방법에 대하여 설명한다.

배열이 아닌 두 개 이상의 데이터를 묶는 방법은 C 언어의 구조체 형이 있다. 다음 C 프로그램에서 구조체 변수 indata는 두 개의 변수 float a와 int n으로 구성된다. 변수 indata를 MPI_Bcast() 함수를 사용해서 전송하기 위해서는 데이터 형을 제공하여야 하는데 다음 프로그램에서와 같이 INDATA_T(볼드체)를 사용하면 형이 MPI_Datatype과 맞지 않기 때문에 컴파일 에러가 발생한다.

```
typedef struct {
   float a;
   int n;
} INDATA_T;
INDATA_T indata;

indata.a = 1.0; indata.n = 2;
MPI_Bcast(&indata, 1, INDATA_T, 0, MPI_COMM_WORLD);
```

MPI 함수에서는 C 언어의 구조체 형과 유사하게 변수를 메모리의 위치와 함께 연계하여 구성하는 다음 3가지 함수를 제공한다.

❶ 변수에 대한 메모리의 위치 탐색

```
int MPI_Address(
    void* location,                 // in
    MPI_Aint address                // out
)
```

❷ 새로운 구조체 형의 생성

```
int MPI_Type_struct(
    int count,                      // in
    int block_lengths[],            // in
    MPI_Aint displacements[],       // in
    MPI_Datatype *typelist,         // in
    MPI_Datatype *new_mpi_t         // out
)
```

❸ 새 구조체 데이터 형의 저장

```
int MPI_Type_commit(
    MPI_Datatype *new_mpi_t   // in/out
)
```

다음은 앞의 함수들을 사용한 예로 구조체 형 변수를 MPI 함수를 사용하여 새로운 데이터 형을 생성하고 전송하는 MPI 프로그램은 다음과 같다.

```
float a;
int n;

MPI_Aint displacements[2], start_address, address;
MPI_Datatype typelist[2], data_t
int block_lengths[2];

MPI_Address(&a, &start_address);
displacements[0] = 0;
MPI_Address(&n, &address);
displacements[1] = address - start_address;

block_lengths[0] = 1;
block_lengths[1] = 1;

typelist[0] = MPI_FLOAT;
typelist[1] = MPI_INT;

MPI_Type_struct(2, block_lengths, displacements, typelist, &data_t);
MPI_Type_commit(&data_t);

a = 1.0; n = 2;
MPI_Bcast(&a, 1, data_t, 0, MPI_COMM_WORLD);
```

프로그램에서는 먼저 두 변수의 메모리 위치의 변위값을 저장한다. 첫째 변수 a의 변위값은 0이고 두 번째 변수 n의 변위값은 MPI_Address() 함수를 2번 사용하여 그 차이 값을 저장한다. 묶을 변수가 더 존재할 때는 이 과정을 반복하면 된다. 다음은 크기가 2인 두 배열 block_length와 typelist에 원소값들을 저장한 후에 MPI_Type_struct() 함수로 새로운 MPI 구조체 타입 data_t를 설정한다. 마지막으로 MPI_Type_commit() 함수를 사용하여 새 타입 data_t를 생성한다. 이 타입은 MPI_Datatype 형이므로 어떤 MPI 통신 함수에서도 사용할 수 있다. 변수는 실제로는 구조체 형이 아니기 때문에 a와 n를 그대로 사용하며 송수신 함수에서는 가장 처음의 변수인 a를 사용한다.

Fortran 프로그램은 다음과 같다. 두 변수는 start_address, address는 메모리의 주소값이므로

integer(kind=mpi_address_kind)을 사용하여 선언하여야 하며 mpi_address() 함수 대신에 mpi_get_address()[11] 함수를 사용하였다.

```
integer block_lengths(2), displacements(2)
integer(kind=mpi_address_kind) start_address, address
integer typelist(2), data_t
real a
integer n
...
call mpi_address(a, start_address, err)
displacements(1) = 0
call mpi_get_address(n, address, err)
displacements(2) = address - start_address
block_lengths(1) = 1
block_lengths(2) = 1

typelist(1) = mpi_real
typelist(2) = mpi_integer

call mpi_type_struct(2, block_lengths, displacements, typelist,
1                      data_t, err)
call mpi_type_commit(data_t, err)

if (pid .eq. 0) a = 2.0; n = 3
call mpi_bcast(a, 1, data_t, 0, mpi_comm_world, err)
```

다음은 위 프로그램을 조금 더 확장한 예제이다.

11) Fortran 프로그램에서는 mpi_address() 함수보다 mpi_get_address()가 효율적이다.

예제 3-16

다음 변수들의 MPI 구조체 형을 생성하는 C 프로그램을 구현하라.

```
float a, A[2];
int n;
```

↓

```
MPI_Aint displacements[3], start_address, address;
MPI_Datatype typelist[3], data_t
int block_lengths[3];

MPI_Address(&a, &start_address);
displacements[0] = 0;
MPI_Address(A, &address);
displacements[1] = address - start_address;
MPI_Address(&n, &address);
displacements[2] = address - start_address;

block_lengths[0] = 1;
block_lengths[1] = 2;
block_lengths[2] = 1;

typelist[0] = MPI_FLOAT;
typelist[1] = MPI_FLOAT;
typelist[2] = MPI_INT;

MPI_Type_struct(3, block_lengths, displacements, typelist, &data_t);
MPI_Type_commit(&data_t);
```

프로그램에서 유의할 점은 변수의 메모리 위치 변위 값을 구할 때 다음 그림에서와 같이 가장 첫 번째 변수의 위치를 사용하여야 하는 것이다.

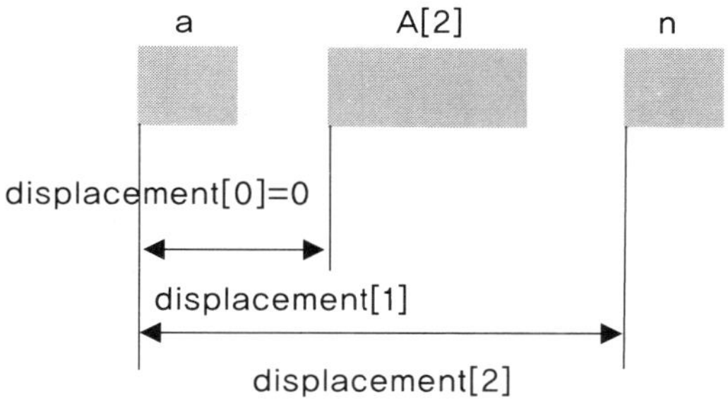

3.5.2 벡터(vector) 타입

벡터 타입은 배열에서 데이터가 일정한 간격으로 저장되는 구조를 정의하는 타입으로서 stride 타입이라고도 한다. 벡터 타입은 구조체 형과는 다르게 변수의 메모리 위치는 무관하게 구조만 정의하기 때문에 한 번 정의하면 임의의 변수와 함께 사용 가능하다. 벡터 타입의 정의는 다음과 같이 배열 내에서 송수신하는 데이터의 수(count), 각 데이터의 크기(block_lengths) 그리고 데이터 위치의 차이 값(stride)을 사용한다.

```
int MPI_Type_vector(
    int count,                          // in
    int block_lengths,                  // in
    int stride,                         // in
    MPI_Datatype elememt_type,          // in
    MPI_Datatype *new_mpi_t             // out
)
```

◀ 예제 3-17 ▶

다음 그림과 같이 p_0에서 2차원 배열의 3번째 열을 p_1의 2차원 배열의 두 번째 열로 전송하는 C 프로그램을 구현하라.

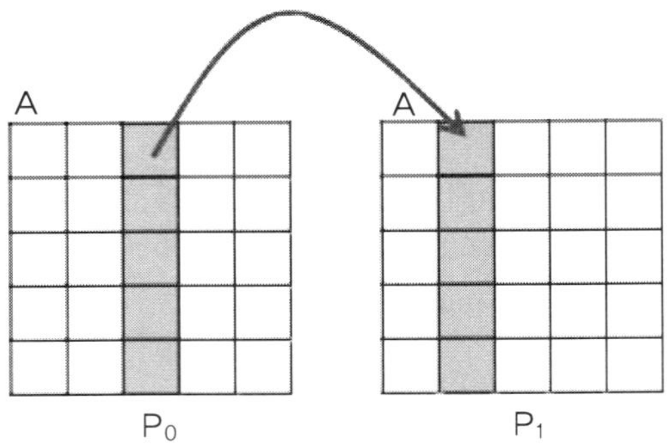


```
float A[5][5];
MPI_Dataype column_mpi_t

MPI_Type_vector(5, 1, 5, MPI_FLOAT, &column_mpi_t);
MPI_Type_commit(&column_mpi_t);

if (pid == 0)
   MPI_Send(&(A[0][2]), 1, column_mpi_t, 1, 0, MPI_COMM_WORLD);
else if (pid == 1)
   MPI_Recv(&(A[0][1]), 1, column_mpi_t, 0, 0, MPI_COMM_WORLD, &status);
```

벡터 타입에서 열의 크기는 5, 열의 각 원소의 크기는 1, 원소 위치의 차이 값은 5이다. 따라서 MPI_Type_vector() 함수에서는 (5,1,5)의 값을 저장하였다. 이 타입을 사용하여 p_0에서 A의 세 번째 열의 시작 주소인 &(A[0][2])와 p_1에서는 A의 두 번째 열의 시작 주소인 &(A[0][1])을 사용하여 송수신할 수 있다. 예제에서와 같이 정의된 벡터 타입과 실제 사용하는 변수는 독립적인 것을 알 수 있다.

Fortran 프로그램은 다음과 같다. 배열 값들이 열 위주로 저장되기 때문에 mpi_type_vector() 함수에서 stride 값이 5가 아닌 1이 된다.

```
      real A(5,5)
      MPI_Dataype row_mpi_t
      ...
      call mpi_type_vector(5, 1, 1, mpi_real, row_mpi_t, err)
      call mpi_type_commit(row_mpi_t, err)

      if (pid .eq. 0) then
         call mpi_send(A(1,3), 1, row_mpi_t, 1, 0,
     1                 mpi_comm_world, err)
      else if (pid .eq. 1) then
        call  mpi_recv(A(1,2), 1, row_mpi_t, 0, 0,
     1                 mpi_comm_world,, err)
      endif
```

3.5.3 인덱스(index) 타입

인덱스 타입은 벡터 타입과 유사하지만 배열 데이터가 일정한 간격이 아니라 주어진 변위 값의 위치에 저장되는 구조의 타입이다. 따라서 다음과 같이 벡터 타입의 정의할 때 사용되는 stride 변수 대신에 변위 값의 1차원 배열 displacements를 사용하며 각 변위 값은 해당하는 배열의 인덱스를 기준으로 계산한다.

```
int MPI_Type_indexed(
    int count,                        // in
    int *block_lengths,               // in
    int *displacements,               // in
    MPI_Datatype elememt_type,        // in
    MPI_Datatype *new_mpi_t           // out
)
```

다음 그림은 MPI_Type_indexed() 함수를 사용할 때 1차원 배열에서 변수 lengths와 displacements를 정의하는 예를 보여준다. 배열에서 첫째 부분 배열은 시작 주소로부터 displs[0]인 1부터 크기가 lengths[0]인 2이다. 둘째 부분 배열은 시작 주소로부터 displs[1]인

2부터 크기가 lengths[1]인 3이다.

```
lengths = (2,3,2,1)
displs = (1,2,5,7)
```

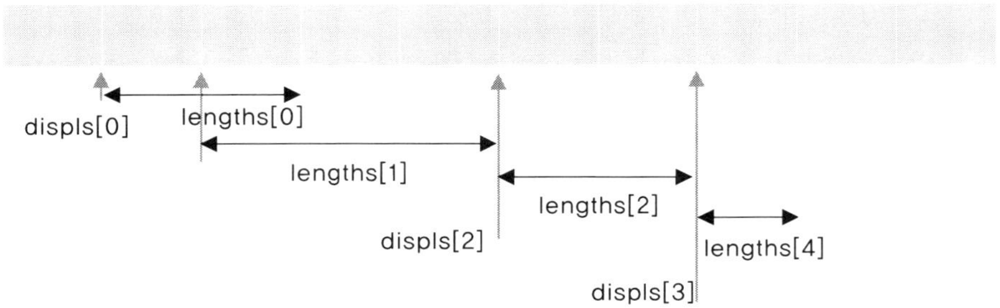

《 예제 3-18 》

다음과 같이 p_0에서 2차원 배열의 상위 삼각(upper triangular) 배열(회색 음영 부분)을 p_1으로 전송하는 C 프로그램을 구현하라.

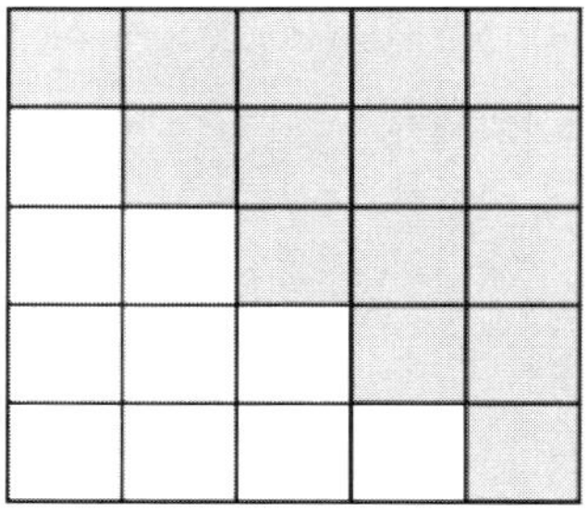

```
float A[N][N];   /* Complete Matrix */
float T[N][N];   /* Upper Triangular  */

int displacements[N];
int block_lengths[N];
MPI_Datatype index_t
```

```
...
for (i = 0; i < N; i++) {
     block_lengths[i] = N-i
     displacements[i] = (N+1)*i
}
MPI_Type_indexed(N, block_lengths, displacements, MPI_FLOAT, &index_t);
MPI_Type_commit(&index_t);

if (pid == 0)
    MPI_Send(A, 1, index_t, 1, 0, MPI_COMM_WORLD);
if (pid ==1)
    MPI_Recv(T, 1, index_t, 0, 0, MPI_COMM_WORLD, &status);
```

Fortran 프로그램은 다음과 같다. 배열에서의 저장 순서가 바뀌기 때문에 displacement의 값이 다르게 계산된다.

```
      integer block_lengths(N), displacements(N)
      integer intex_t
      ...
      do i = 1, N
         block_lengths(i) = i
         displacements(i) = N*(i-1)
      enddo
      call mpi_type_indexed(N, block_lengths, displacements, mpi_real,     1
      1                    index_t, err)
      call mpi_type_commit(index_t, err)

      if (pid .eq. 0) then
         call mpi_send(A, 1, index_t, 1, 0, mpi_comm_world, err)
      else if (pid .eq. 1) then
         call mpi_recv(T, 1, index_t, 0, 0, mpi_comm_world, status, err)
      endif
```

3.6 통신 전달자 (Communicator)

통신 전달자는 사용하는 전체 프로세스 중에서 통신에 가담하는 특정 프로세스를 지정한다. 예를 들어 이전의 예제에서 주로 사용한 MPI 상수인 MPI_COMM_WORLD는 mpiexec 명령을 실행할 때 사용하는 기본값으로 전체 프로세스를 지정하는 통신 전달자이다.

3.6.1 통신 전달자의 생성

새로운 통신 전달자를 정의하기 위해서는 기존의 통신 전달자로부터 추출해서 만들어야 한다. 이때 기존의 통신 전달자로부터 바로 추출하지 않고 기존의 통신 전달자로부터 그룹을 구성한 후에 사용하고자 하는 프로세스의 그룹을 통하여 새롭게 생성한다. 그림 3.3은 새로운 통신 전달자를 만들기 위한 3단계의 함수들을 보여준다.

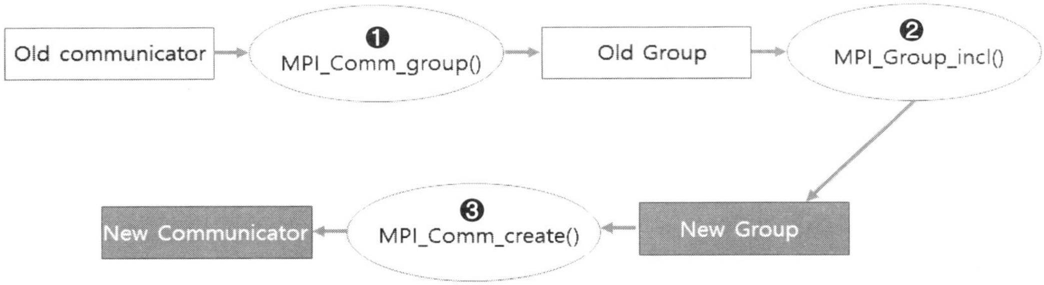

그림 3.3 새로운 통신 전달자의 생성을 위한 3단계

그림 3.3에서의 각 함수는 다음과 같다.

❶ 기존의 통신 전달자부터 프로세스의 그룹을 구성한다.

```
int MPI_Comm_group(
    MPI_comm comm,     // in
    MPI_Group *group, // out
)
```

❷ 기존의 그룹으로부터 프로세스를 재구성하여 새로운 그룹을 생성하며 배열 ranks_in_old_group에 저장된 프로세스의 ID와 같은 프로세스를 추출하여 새로운 그룹으로 정의한다.

```
int MPI_Group_incl(
    MPI_Group old_group,         // in
    int new_group_size,          // in
    int *ranks_in_old_group,     // in
    MPI_Group *new_group         // out
)
```

❸ 그룹으로부터 새로운 통신 전달자를 생성하며 new_comm에서는 새로운 프로세스의 크기와 ID를 사용한다.

```
int MPI_Comm_create(
    MPI_comm old_comm,       // in
    MPI_Group new_group,     // in
    MPI_comm *new_comm       // out
)
```

새롭게 생성된 통신 전달자에서의 프로세스 ID는 MPI_Group_incl() 함수에서 사용한 배열 ranks_in_old_group의 순서에 따라 부여된다. 만약에 기존의 ID가 1, 5, 4,.. 순서로 저장되면 생성된 통신 전달자에서 프로세스 ID 1의 새로운 ID는 0, 5는 1 그리고 4는 2가 되며 new_group_size 값이 새로운 전달자의 크기가 된다.

다음 예제는 두 가지의 새로운 통신 전달자를 생성하는 C 프로그램을 보여준다.

◖ 예제 3-19 ◗

그림과 같이 2n개의 프로세스에서 ❶ 짝수 ID 프로세스들을 사용하는 통신 전달자와 ❷ 전반부의 프로세스들을 사용하는 통신 전달자를 생성하는 C 프로그램을 구현하라.

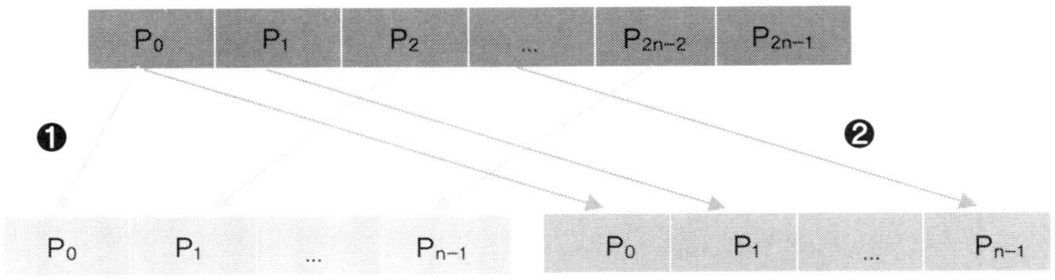


```
MPI_Group group_world, group_even, group_half;
MPI_Comm comm_even, comm_half;
int *newrank, i

newrank = (int*)(malloc((np/2)*sizeof(int)));

// (1) even communicator
for (i=0; i<np/2; i++)
    newrank[i] = i*2;
MPI_Comm_group(MPI_COMM_WORLD, &group_world);
MPI_Group_incl(group_world, np/2, newrank, &group_even);
MPI_Comm_create(MPI_COMM_WORLD, group_even, &comm_even);

// (2) first half communicator
for (i=0; i<np/2; i++)
    newrank[i] = i;
MPI_Comm_group(MPI_COMM_WORLD, &group_world);
MPI_Group_incl(group_world, np/2, newrank, &group_half);
MPI_Comm_create(MPI_COMM_WORLD, group_odd, &comm_half);
```

새로운 두 통신 전달자 comm_even와 comm_half의 프로세스 수는 모두 np/2개이다. 새로운 ID를 위하여 원래 전체 프로세스의 MPI_COMM_WORLD에서의 프로세스 ID 값을 ❶에서는 짝수의 ID, ❷에서는 전반부의 ID를 newrank 배열에 저장하였다. 저장된 newrank 배열을 사용하여 3단계의 함수를 호출하면 새로운 전달자들이 생성된다.

다음은 MPI_Bcast() 함수에서 새로운 통신 전달자들을 사용한 예이다. ❶에서는 comm_even 통신 전달자에서의 새로운 ID를 사용하기 때문에 기존의 pid가 4인 프로세스의 ID가 2이기 때문에 새로운 root 프로세스가 된다. ❷에서는 새로운 통신 전달자의 프로세스 순서가 기존의 통신 전달자 순서와 같기 때문에 같은 ID가 root 프로세스가 된다. 여기에서 주의할 점은 이 프로그램은 여전히 기존의 모든 프로세스에서 실행이 되기 때문에 if-문을 사용하여 해당 프로세스들에서만 통신을 실행하여야 한다.

❶ if (!(pid%2)) MPI_Bcast(&data, 1, MPI_INT, 2, comm_even);

❷ if (pid 〈 np/2) MPI_Bcast(&data, 1, MPI_INT, 2, comm_half);

다음은 Fortran 프로그램이다.

```
      integer group_world, group_even, group_half
      integer comm_even, comm_half
      integer newrank(N)
      ...
c     ❶ even communicator
      do i=1, np/2
         newrank(i) = (i-1)*2
      enddo
      call mpi_comm_group(mpi_comm_world, group_world, err)
      call mpi_group_incl(group_world, np/2, newrank, group_even, err)
      call mpi_comm_create(mpi_comm_world, group_even, comm_even, err)

c     ❷ first half communicator
      do i=1, np/2
         newrank(i) = i-1
      enddo
```

```
call mpi_comm_group(mpi_comm_world, group_world, err)
call mpi_group_incl(group_world, np/2, newrank, group_half, err)
call mpi_comm_create(mpi_comm_world, group_half, comm_half, err)
```

3.6.2 통신 전달자의 절단(split) 추출

MPI_Comm_split() 함수는 기존의 통신 전달자를 공통적인 값을 특정하여 새로운 통신 전달자들로 분리할 수 있다. 프로세스의 ID를 사용하여 변수 split_key 값이 같은 프로세스들이 동일한 통신 전달자에 속하게 된다. 매개변수 rank_key 값은 새로운 통신 전달자에서 프로세스 ID를 생성하는 기준이 된다.

```
int MPI_Comm_split(
    MPI_comm old_comm,  // in
    int split_key,      // in
    int rank_key,       // in
    MPI_comm *new_comm  // out
)
```

MPI_Comm_split() 함수를 사용하여 분리된 여러 통신 전달자는 크기가 다를 수 있으며 프로세스는 분리된 전달자에서 다른 ID를 부여받는다. MPI_Comm_split() 함수는 기존의 통신 전달자를 나누어 여러 통신 전달자를 만들기 때문에 그룹을 사용한 생성 과정을 거치지 않는다.

다음 예제는 예제 3.19와 유사하지만 통신 전달자를 추출하지 않고 기존의 통신 전달자를 잘라서 새로운 통신 전달자를 생성하는 프로그램이다.

◀ 예제 3-20 ▶

그림과 같이 2n개의 프로세스에서 짝수 ID의 프로세스들과 홀수 ID의 프로세스들로 나누는 C 프로그램을 구현하라.

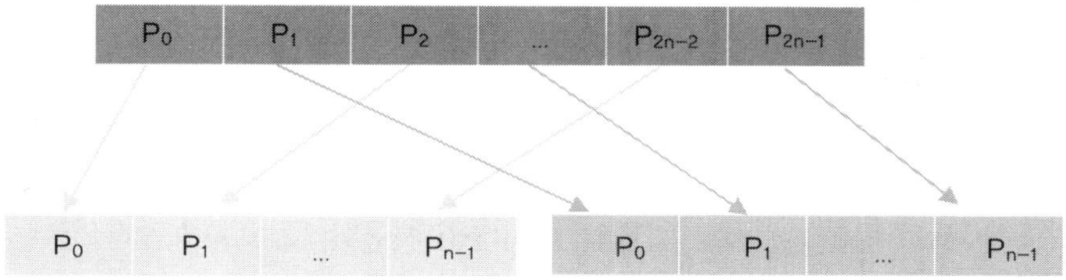


```
MPI_Comm comm_split;
int flag;

flag = pid % 2;
MPI_Comm_split(MPI_COMM_WORLD, flag, pid, &comm_split);
```

프로세스의 ID인 변수 pid를 (%2)를 사용하여 짝수와 홀수로 구분하여 분리의 기준이 되는 변수 flag에 저장하였다. MPI_Comm_split() 함수를 호출하면 2개로 분리된 통신 전달자를 구할 수 있다.

다음은 MPI_Bcast() 함수를 사용한 예이다. MPI_Bcast() 함수는 나누어진 통신 전달자인 comm_split에서의 두 개의 나누어진 통신 전달자를 사용한다. comm_split 전달자에서는 프로세스의 ID가 1인 프로세스가 p_2와 p_3이기 때문에 짝수의 프로세스들에서는 모두 p_2의 n 값인 20이 전송되어 출력되고 홀수의 프로세스들에서는 p_3의 n 값인 30이 전송되어 출력된다.

```
int n = pid*10;
MPI_Bcast(&n, 1, MPI_INT, 1, comm_split);
printf("%d %d ₩n", pid, n);
```

3.7 다차원 좌표계 구조

지금까지는 1차원 배열 구조의 프로세스를 주로 사용하였다. 하지만 프로세스의 다차원 구조를 사용하면 2차원 이상의 배열 데이터를 사용할 때보다 효율적으로 병렬 프로그램을 구현할 수 있다. MPI에서는 프로세스의 다차원 좌표계 구조를 설정하고 사용할 수 있는 함수를 제공한다.

3.7.1 다차원 좌표계 구조의 설정

다음 함수를 통하여 기존의 전달자로부터 프로세스의 다차원 구조를 사용할 수 있는 통신 전달자를 생성할 수 있다.

```
int MPI_Cart_create(
    MPI_comm old_comm, // in
    int num_of_dims,    // in
    int *dim_sizes,     // in
    int *wrap_arround, // in
    int reorder,        // in
    MPI_comm *cart_comm // out
)
```

배열 변수 num_of_dims과 dim_sizes는 다차원 격자에서의 차원의 수 및 각 차원의 크기를 결정한다. wrap_around는 각 차원에서의 끝 프로세스와 처음 프로세스의 연결 여부를 결정하는 배열 변수이다. 변수 reorder는 격자계의 프로세스가 실제 프로세서에서 실행하기 위한 옵션이지만 의미가 없기 때문에 무시해도 된다.

다음 함수는 좌표계 구조로 생성된 전달자 comm으로부터 프로세스의 좌표계 coordinate를 설정한다.

```
int MPI_Cart_coords(
    MPI_comm comm,              // in
    int rank,                   // in
    int num_of_dims,            // in
    int *coordinates            // out
)
```

다음 함수는 MPI_Cart_coords()의 역함수로서 다차원 프로세스 구조에서의 1차원 ID를 계산한다.

```
int MPI_Cart_rank(
    MPI_comm comm,              // in
    int *coordinates,           // in
    int *rank                   // out
)
```

다음 예제는 2차원 격자구조의 통신 전달자와 이와 관련된 프로세스의 구조를 사용하는 프로그램이다.

◖ 예제 3-21 ◗

정방형의 2차원 프로세스의 구조를 생성하는 C 프로그램을 구현하라. 프로세스의 수(np)는 제곱수로 가정한다.

```
int np, pid;
MPI_Comm grid_comm;
int dim_sizes[2];
int wrap_around[2];
int coordinates[2]; // i and j location of pid in the grid
int reorder;  // ignore
...
dim_sizes[0] = sqrt(np);
dim_sizes[1] = dim_sizes[0];
```

```
wrap_around[0] = wrap_around[1] = 0;

MPI_Cart_create(MPI_COMM_WORLD, 2, dim_sizes, wrap_around,
                reorder, &grid_comm);
MPI_Cart_coords(grid_comm, pid, 2, coordinates);
```

정방형 2차원 구조의 각 차원의 크기는 프로세스의 수 sqrt(np)로서 계산하고 크기가 2인 배열 dim_sizes에 저장하였다. 수평 및 수직 상에서 마지막 프로세스와 처음 프로세스의 연결은 하지 않는 것으로 가정하여 wrap_around에 0을 저장하였다. wrap_around 값이 1인 경우는 다음 예제 3.22에서 보여준다. np가 4×4인 경우에 2차원 배열 coordinates[2]의 실행 결과는 다음과 같다.

p00	p01	p02	p03
p10	p11	p12	p13
p20	p21	p22	p23
p30	p31	p32	p33

3.7.2 좌표계 구조에서의 데이터 전달 함수

다음 함수는 격자구조 내에서 모든 프로세스들이 데이터를 수평 및 수직 방향의 다른 프로세스의 데이터로 이동(shift) 전달할 때 효율적으로 사용할 수 있다.

```
int MPI_Cart_shift(
    MPI_Comm comm,          // in
    int direction,          // in
    int disp,               // in
    int *rank_source,       // out
    int *rank_dest          // out
)
```

변수 direction은 통신의 수평(1) 혹은 수직(0) 방향을 결정하고 disp는 이동 폭을 결정한다. 변수 rank_source와 rank_dest는 송수신 프로세스를 나타낸다.

다음 예제는 MPI_Cart_shift() 함수의 사용을 보여주는 예제이다.

예제 3-22

예제 3.21에서 2차원 격자구조를 위하여 생성된 통신 전달자 grid_comm을 사용하여 프로세스 ID(pid)를 수평 오른쪽 및 수직 하위 방향으로 이동 전송하는 C 프로그램을 구현하라.

```
MPI_Cart_shift(grid_comm, direct, shift, &source, &dest);

shift = 1;
direct = 0; // vertical
direct = 1; // horizontal

MPI_Send(&pid, 1, MPI_INT, dest, tag, MPI_COMM_WORLD);
MPI_Recv(&pid_from, 1, MPI_INT, source, tag, MPI_COMM_WORLD, &status);
```

다음 그림은 16개의 프로세스를 사용하여 direct와 shift 변수를 사용하여 데이터를 이동 전송하는 예를 보여준다. 만약에 shift의 값이 음수이면 반대 방향으로 이동 전송을 한다.

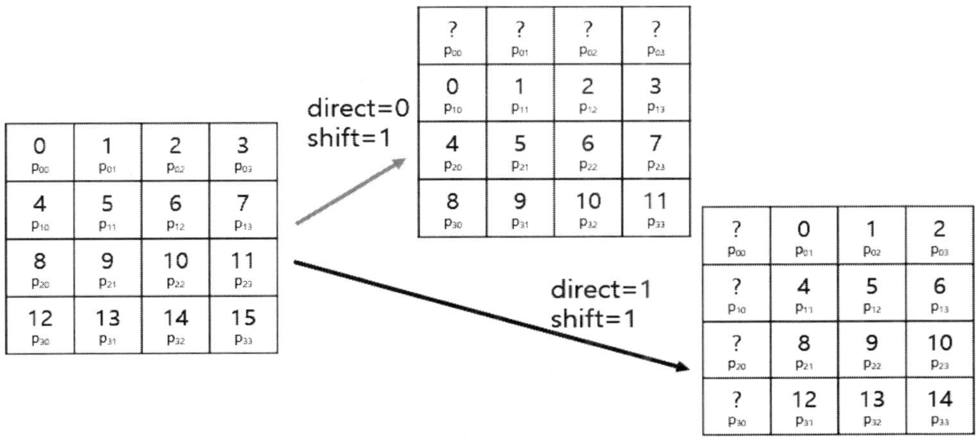

위 그림에서 2차원 구조에서의 가장 상위 혹은 왼쪽의 프로세스의 "?" 표시는 이동 전송의 결과 어떤 데이터가 전송되었는지 알 수 없는 경우이다. 변수인 wrap_around는 수평 혹은 수직 방향으로 마지막 프로세스와 처음 프로세스가 원형으로 연결된 모양을 결정하는데 1로 설정하면 이동 전송의 결과는 다음과 같다.

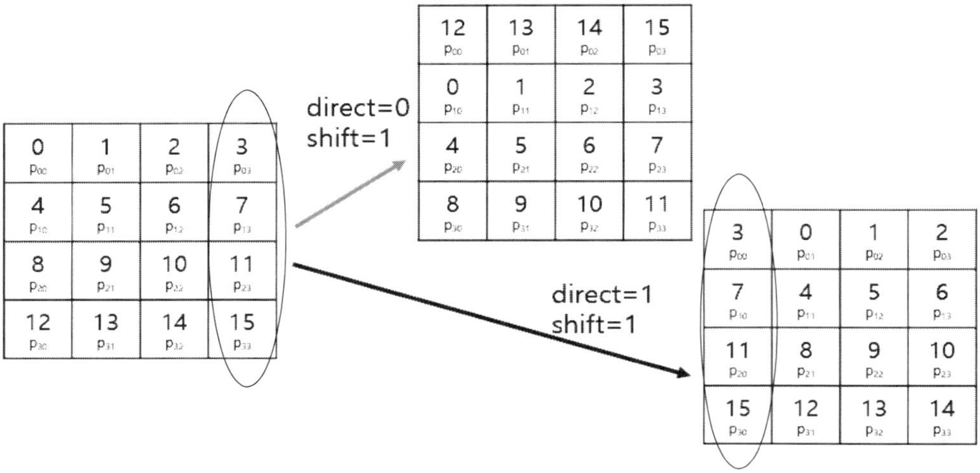

다음 예제는 2차원 구조의 프로세스와 통신 전달자를 활용한 프로그램이다.

◖ 예제 3-23 ◗

예제 3.22에서 생성된 2차원 격자구조에서의 프로세스의 위치인 coordinates를 사용하여 프로세스 $p_{1,1}$에서의 데이터를 MPI_Bcast()를 사용하여 대각선 방향의 모든 프로세스로 전송하는 C 프로그램을 구현하라. 다음 그림은 4×4 프로세스 구조에서의 실행을 보여준다.

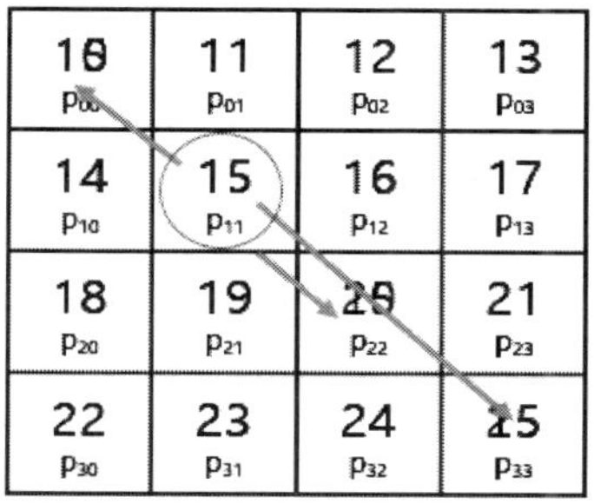


```
diag_rank = (int*)malloc(inp*sizeof(int));
diag_rank[0] = 0;
for (i = 1; i < inp i++) {
    diag_rank[i] = diag_rank[i]+jnp+1;
}
MPI_Comm_group(MPI_COMM_WORLD, &diag_world);
MPI_Group_incl(diag_world, inp, diag_rank, &diag_group);
MPI_Comm_create(MPI_COMM_WORLD, diag_group, &diag_comm);

int data = pid + 10;
if (coordinates[0] == coordinates[1]) {
   MPI_Bcast(&data, 1, MPI_INT, 1, diag_comm);
}
```

새로운 통신 전달자 diag_comm에서의 프로세스의 수는 2차원 구조에서 대각선 방향에 위치한 프로세스의 수로서 2차원 구조의 가로(혹은 세로)의 크기로서 배열 변수 diag_rank를 사용하였다. 배열 diag_rank의 원소값은 대각선에 위치한 원래의 프로세스 ID로서 정의하였다. MPI_Bcast() 함수는 대각선 위치의 프로세스들만 해당이 되기 때문에 coordinates[0]과 coordinates[1]의 두 값이 같은 경우에만 실행하였으며 p11에서 전송하기 때문에 1 값을 사용하였다.

3.8 고급 점대점 통신

이 절에서는 많이 사용되지는 않지만 필요시 유용하게 사용할 수 있는 점대점 통신을 설명한다.

3.8.1 MPI_Sendrecv()와 MPI_Sendrecv_replace() 함수

3.3.1절에서 설명한 MPI_Send()와 MPI_Recv()는 주로 함께 사용되기 때문에 MPI_Sendrecv() 함수로 한 번에 정의함으로써 편리하게 사용이 될 수 있다.

```
int MPI_Sendrecv(
    void *send_buf,          // in
    int send_count,          // in
    MPI_Datatype send_type,  // in
    int destination,         // in
    int send_tag,            // in
    void *recv_buf,          // out
    int recv_count,          // in
    MPI_Datatype recv_type,  // in
    int source,              // in
    int recv_tag,            // in
    MPI_Comm comm,           // in
    MPI_Status *status       // out
)
```

MPI_Sendrecv_replace() 함수는 MPI_Sendrecv() 함수에서 하나의 버퍼를 사용하는 함수이다. 이 함수에서는 하나의 버퍼를 사용하기 때문에 변수의 사용에 주의하여야 한다.

```
int MPI_Sendrecv_replace(
    void *buffer,            // in/out
    int count,               // in
    MPI_Datatype type,       // in
    int dest,                // in
    int send_tag,            // in
    int source,              // in
    int recv_tag,            // in
    MPI_Comm comm,           // in
    MPI_Status *status       // out
)
```

예제 3-24

예제 3.22의 MPI_Send()와 MPI_Recv() 함수를 MPI_Sendrecv() 함수와 MPI_Sendrecv_replace() 함수를 사용하여 구현하라.

❶ MPI_Sendrecv()

```
MPI_Sendrecv(&pid, 1, MPI_INT dest, tag, &pid_from, 1, MPI_INT,
             source, tag, MPI_COMM_WORLD, &status);
```

❷ MPI_Sendrecv_replace()

```
pid_from = pid;
MPI_Sendrecv_replace(&pid_from, 1, MPI_INT, dest, tag, source, tag,
                     MPI_COMM_WORLD, &status);
```

MPI_Sendrecv_replace() 함수는 MPI_Sendrecv()와는 달리 하나의 버퍼를 사용하기 때문에 변수 pid_from에 값을 복사하여 사용하였다.

3.8.2 MPI_Probe()와 MPI_Iprobe() 함수

MPI 병렬 프로그램을 실행하는 프로세스들은 주체가 따로 없고 독립적으로 작업을 수행한다. 따라서 실행 중에 특정 프로세스가 다른 프로세스에 데이터를 전달할 때 송신하는 프로세스의 ID를 모르면 수신 함수의 호출이 쉽지 않다. 이때 MPI_Probe()와 MPI_Iprobe() 함수는 특정 프로세스가 MPI_Send()를 호출하여 다른 프로세스로 데이터를 송신하고 수신 프로세스가 송신 여부를 테스트하는 함수로서 유용하게 사용될 수 있다. MPI_Probe()는 메시지가 발생할 때까지 기다리지만 MPI_Iprobe()는 테스트의 결과에 관계없이 다음 명령을 진행하며 flag 매개변수를 사용하여 송신 여부를 결정한다.

```
int MPI_Probe(
    int source,              // in
    int tag,                 // in
    MPI_Comm comm,           // in
    MPI_Status *status       // out
)

int MPI_Iprobe(
    int source,              // in
    int tag,                 // in
    MPI_Comm comm,           // in
    int *flag,               // out
    MPI_Status *status       // out
)
```

다음 예제는 MPI_Probe() 함수를 사용하여 예제 3.9와 유사하게 최대값과 위치를 찾지만 예제 3.9와는 달리 최대값을 먼저 찾고 해당 프로세스가 위치를 찾아 전송하는 프로그램이다.

예제 3-25

1차원 배열에서 최대값과 그 위치를 구하는 C 프로그램을 구현하라. 배열은 프로세스로 분할이 되어 있다고 가정한다.

```
MPI_Allreduce(&max, &gmax, 1, MPI_FLOAT, MPI_MAX, MPI_COMM_WORLD);

if (max == gmax) {
    maxloc += pid*local_N;
    MPI_Send(&maxloc, 1, MPI_INT, 0, 0, MPI_COMM_WORLD);
}

if (pid == 0) {
    MPI_Probe(MPI_ANY_SOURCE, 0, MPI_COMM_WORLD, &status);
    MPI_Recv(&maxloc, 1, MPI_INT, status.MPI_SOURCE, 0,
             MPI_COMM_WORLD, &status);
}
```

max는 각 프로세스에서 병렬로 계산한 분할된 배열의 최대값이다. max와 MPI_Allreduce() 함수를 사용하여 모든 프로세스가 전체 배열의 최대값을 변수 gmax에 저장한다. 이후 gmax를 각 프로세스가 가지고 있는 최대값 max와 비교하여 같은 경우에는 해당 프로세스의 max가 전체의 최대값이다. 따라서 이 프로세스가 전체 배열에서의 위치값 maxloc를 계산한 후 프로세스 0으로 전송한다. 하지만 프로세스 0은 어떤 프로세스가 maxloc를 전송했는지 모르기 때문에 MPI_ANY_SOURCE 상수를 사용하여 MPI_Probe()함수를 호출하고 이후에 계산된 status.MPI_SOURCE 값을 사용하여 MPI_Recv() 함수로 위치값을 전달받는다. MPI_Probe() 함수를 사용하지 않고 MPI_Recv() 함수에서 MPI 상수 MPI_ANY_SOURCE를 바로 사용하여도 된다.

Fortran 프로그램은 다음과 같다. C 프로그램과는 달리 status의 구조체를 사용할 수 없기 때문에 정수형의 배열 status(mpi_source) 값을 사용하였다.

```
      call mpi_allreduce(max_val, gmax_val, 1, mpi_float,
     1                   mpi_max, mpi_comm_world, err)

      if (max_val .eq. gmax_val)
     1   call mpi_send(max_loc, 1, mpi_int, 0, 0, mpi_comm_world)
```

```
      if (pid .eq. 0) then
         call mpi_probe(mpi_any_source, 0, mpi_comm_world, status, err)
         call MPI_recv(max_loc, 1, mpi_int, status(mpi_source), 0,
     1                 mpi_comm_world, status, err)
      endif
```

예제 3.26은 MPI_Iprobe() 함수를 사용하여 특정 프로세스가 원하는 결과를 계산하면 다른 프로세스들은 실행을 종료하는 프로그램으로서 병렬 탐색 프로그램에 유용하게 사용이 될 수 있다.

◀ 예제 3-26 ▶

데이터를 병렬로 탐색(search)하는 C 프로그램을 구현하라.

```
flag = 0;
while (1) {
   // parallel search algorithm
   if (found) {
      for (i = 0; i < np; i++)
         if (i != pid)
            MPI_Send(&data, 1, MPI_INT, i, tag, MPI_COMM_WORLD);
      flag = 1;
      break;
   }
   MPI_Iprobe(MPI_ANY_SOURCE, MPI_ANY_TAG, MPI_COMM_WORLD,
            &flag, &status);
   if (flag) {
      MPI_Recv(&data, 1, MPI_INT, status.MPI_SOURCE, tag,
               MPI_COMM_WORLD, &status);
      break;
   }
}
```

모든 프로세스는 작업을 수행하면서 MPI_Iprobe() 함수를 사용하여 수신 데이터가 있는지 테스트를 진행하며 메시지가 없으면(flag = 0) 반복문을 계속 진행한다. MPI 상수 MPI_ANY_SOURCE와 MPI_ANY_TAG는 MPI_Iprobe() 함수를 사용할 때 특정되지 않은 송신 프로세스와 태그를 나타낸다.

탐색(search)을 마친 프로세스가 발생하면 MPI_Send()를 사용하여 다른 모든 프로세스로 데이터를 전송하여 작업의 마침을 전달하고 반복분을 종료한다. 다른 프로세스는 테스트를 통하여 수신할 메시지가 발생(flag=1)하면 매개변수 status의 status.MPI_SOURCE와 status.MPI_TAG를 사용하여 해당 데이터를 전송받은 후 작업을 중지하고 반복문을 종료한다.

다음은 Fortran 프로그램이다.

```
      flag = 0
      do while (.true.)
c          parallel search algorithm
         if (found) then
            do i = 0, np-1
               if (i .ne. pid) then
                  call mpi_send(data, 1, mpi_int, i, tag,
     1                  mpi_comm_world, err)
               endif
            enddo
            flag = 1
            exit
         endif

         call mpi_iprobe(mpi_any_source, mpi_any_tag, mpi_comm_world,
     1                  flag, status, err)
         if (flag .eq. 1) then
            call mpi_recv(data, 1, mpi_int, status(mpi_source), tag,
     1            mpi_comm_world, status, err)
            print*, pid, data
            exit
         endif
      enddo
```

3.9 병렬 입출력

이 절에서는 병렬 프로그램에서 많이 사용하는 의 두 가지 병렬 입출력 방식에 대하여 설명한다.

3.9.1 MPI 입출력 함수

병렬 컴퓨터에서는 모든 프로세스들이 동일한 파일로부터 입출력을 실행하기 위하여 네트워크 통신을 사용한다. 따라서 통신을 통한 입출력을 실행하기 위하여 네트워크에서 하나의 파일을 공유하는 방법인 NFS(Network File System)를 구성할 수 있다. 프로세스들은 NFS를 통하여 파일을 직접 연결된 파일처럼 사용할 수 있기 때문에 논리적인 입출력을 실행할 수 있다.

MPI에서는 파일의 병렬 입출력을 위한 함수들을 제공한다. 함수들은 다음과 같이 ❶ 파일의 open과 close, ❷ 파일에서의 위치 선정, 그리고 ❸ 입출력 함수들로 나누어진다.

❶ 파일의 open과 close

```
int MPI_File_open(
    MPI_Comm comm,          // in
    char *filename,         // in
    int amode,              // in
    MPI_Info info,          // in
    MPI_File *mpi_fh        // out
)
```

위 함수에서 amode(access mode) 변수는 파일의 접근 형태를 나타내는 상수이다. 표 3.3은 모든 값을 보여준다.

표 3.3 MPI_File_open() 함수의 amode (access mode) 목록

amode	설명
MPI_MODE_RDONLY	read only
MPI_MODE_RDWR	reading and writing
MPI_MODE_WRONLY	write only
MPI_MODE_CREATE	create the file if it does not exist
MPI_MODE_EXCL	error if creating file that already exists
MPI_MODE_DELETE_ON_CLOSE	delete file on close
MPI_MODE_UNIQUE_OPEN	file will not be concurrently opened elsewhere
MPI_MODE_SEQUENTIAL	file will only be accessed sequentially
MPI_MODE_APPEND	set initial position of all file pointers to end of file

MPI_Info 변수는 파일의 접근 및 시스템에 관한 정보를 나타내는데 일반적으로 정보의 의미를 두지 않은 MPI_INFO_NULL 상수를 사용한다. 마지막의 mpi_fn 변수는 오픈하는 파일의 고유번호로서 정수형과 동일하다.

```
int MPI_File_close(
    MPI_File *mpi_fh          // in
)
```

❷ 파일의 입출력 위치 선정

```
int MPI_File_seek(
    MPI_File mpi_fh,          // in
    MPI_Offset offset,        // in
    int whence                // in
)
```

❸ 파일의 입출력

```
int MPI_File_read(
    MPI_File fh,             // in
    void *buf,               // out
    int count,               // in
    MPI_Datatype datatype,   // in
    MPI_Status *status       // out
)

int MPI_File_write(
    MPI_File fh,             // in
    void *buf,               // out
    int count,               // in
    MPI_Datatype datatype,   // in
    MPI_Status *status       // out
)
```

그림 3.4는 병렬 입출력 방식의 예를 나타낸다. 그림에서 P_i는 사용되는 프로세스를 나타내며 4개의 프로세스들이 NFS를 통하여 하나의 파일을 공유하며 동시에 입출력을 실행하는 형태의 예를 보여준다.

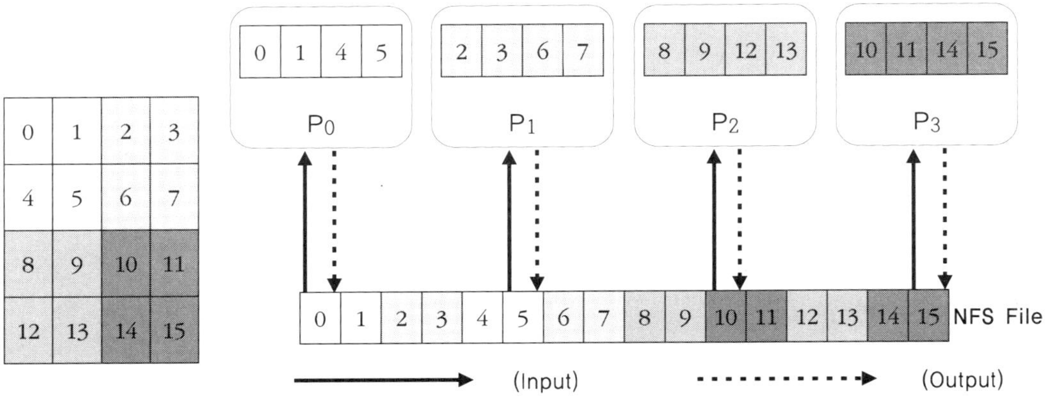

그림 3.4 병렬 입출력 방식의 예

병렬 입출력 방식에서는 각 프로세스가 파일에서의 해당 데이터에 접근하기 위하여 파일의 포인터를 사용한다. 그림 3.5는 그림 3.4에서의 P_2가 왼쪽 그림의 해당 데이터에 접근하기 위한 파일 포인터 계산의 예를 보여준다. 2차원 데이터의 파일은 실제로는 1차원으로 저장이 되기 때문에 1차원의 데이터를 사용하여 포인터 값을 계산하였다. 그림에서 화살표는 파일 포인터의 이동 방향과 거리를 나타내며 $offset_i$은 각 이동 구간에 대한 값들이다.

그림 3.5 P_2에서의 파일 포인터

다음은 위의 파일 입력의 예를 실행하는 프로그램으로서 모든 프로세스에서의 파일 포인터를 사용하여 병렬 입출력 함수를 구현하였다. 파일 포인터의 이동을 위하여 MPI_File_seek() 함수가 사용되며 함수의 사용에 필요한 $offset_1$의 값은 8(= 2×4), $offset_2$의 값은 2(= 4−2)이다. 프로그램에서 도메인의 가로와 세로는 i와 j로 표현하였으며 크기는 imax와 jmax이고 imax와 jmax의 값은 각 4이다. 또한 각 프로세스에서의 분할된 도메인의 지역 인덱스에 대해서는 시작을 begin으로 끝을 end로 표현하였다. 예를 들어 P_2에서의 ibegin과 iend는 0, 1 그리고 jbegin과 jend는 2, 3이 된다.

```
MPI_File fh;
MPI_Offset offset1, offset2;
..
MPI_File_open(MPI_COMM_WORLD, *file, MPI_MODE_RDONLY,
              MPI_INFO_NULL, &fh);
offset1 = jbegin*imax + ibegin;
offset2 = imax-(iend+1) + ibegin;
MPI_File_seek(fh, offset1, MPI_SEEK_SET);
for (j=0; j<(jend-jbegin); j++) {
    MPI_File_read(fh, &(sub_domain[i][j]), iend-ibegin, MPI_FLOAT, status);
    MPI_File_seek(fh, offset2, MPI_SEEK_SET);
}

MPI_File_close(&fh);
```

위 프로그램은 순차적인 파일 처리 방식과 유사하다. 따라서 다음의 순차적인 C 프로그램과 동일하게 실행된다.

```
offset1 = jbegin*imax + ibegin;
offset2 = imax-(iend+1) + ibegin;
fseek(fh, offset1, SEEK_SET);
for (j=0; j<(jend-jbegin); j++) {
    fread(&(sub_domain[i][j]), iend-ibegin, 1, fh);
    fseek(fh, offset2, SEEK_SET);
}
```

병렬 출력 시에는 여러 프로세스가 동시에 파일을 수정하기 때문에 프로세스들의 순차적인 출력을 위하여 순서를 정하며 이에 비교적 좋은 성능을 기대할 수 있다. 한편 출력은 이진(binary) 파일로만 가능하기 때문에 ASCII 파일로 변환하기 위해서는 별도의 프로그램을 사용해야 한다.

3.9.2 순차 입출력과 MPI 전송 함수를 이용한 방식

이 방식은 호스트 프로세스에서만 입출력을 순차적으로 처리하며 MPI 전송 함수를 사용하여 다른 프로세스로 분할된 도메인을 송신하는 병렬 입출력의 또 다른 방식이다. 프로세스별로 분할되는 도메인의 크기가 균일하지 못한 경우가 발생하기 때문에 점대점 통신 함수인 MPI_Send()와 MPI_Recv()를 사용한다. 다음 그림 3.6은 순차 입출력과 MPI 함수를 이용한 방식의 예를 보여준다. 입력의 경우에는 호스트 프로세스가 먼저 전체 도메인을 읽은 후 각 프로세스로 분할된 서브 도메인을 전송한다. 출력의 경우에는 이와 반대로 호스트를 제외한 프로세스에서 서브 도메인을 호스트 프로세스로 보내고 호스트 프로세스는 전체 도메인으로 통합하여 출력한다.

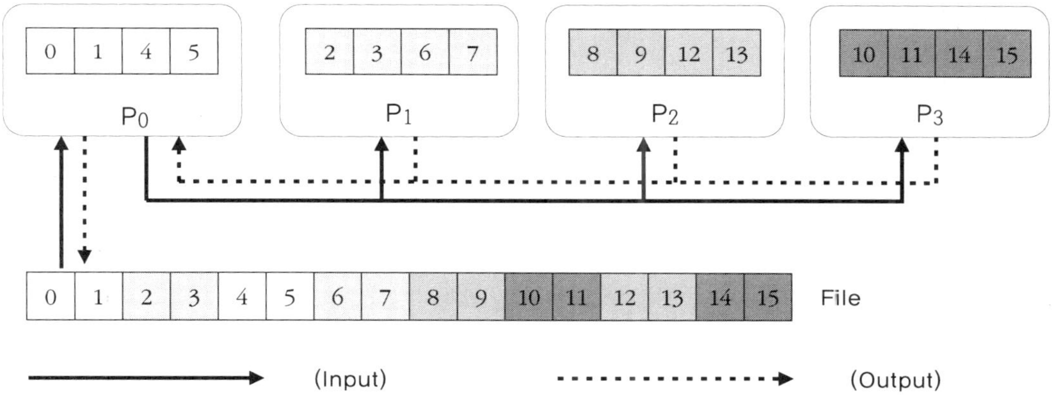

그림 3.6 순차 입출력과 MPI 함수의 사용

이 방식은 병렬 프로그램에서 구현하기가 비교적 쉽지만 호스트 프로세스에서는 전체 도메인을 할당하게 되어 메모리의 낭비가 발생하며, 호스트 프로세스가 입출력을 실행하는 동안에 다른 프로세스는 대기하게 되는 경우가 발생하게 된다. 또한 도메인의 분산과 통합을 위하여 호스트 프로세스와 다른 프로세스들은 순서대로 통신을 진행하기 때문에 해당 프로세스가 통신을 실행하는 동안 나머지 프로세스는 대기하는 비효율성이 발생할 수 있다. 하지만 프로세스의 수가 많고 통신의 속도가 빠른 슈퍼컴퓨터 등에서는 이 방식이 효율적으로서 사용될 수 있다.

3.10 행렬의 곱 (Matrix multiplication) 프로그램

3.10, 3,11, 3.12절은 병렬 처리 개념을 응용하여 구현한 MPI 병렬 프로그램들에 대하여 설명한다.

행렬의 곱 연산은 행렬 계산 프로그램 중 가장 기본적인 프로그램의 하나이지만 병렬 프로그램으로 구현하기가 쉽지 않다. 이 절에서는 대표적인 행렬의 곱 연산의 병렬 프로그램을 소개한다. 병렬 프로그램은 C 프로그램을 사용하며 본 절에서는 Fortran 프로그램은 생략한다.

배열의 곱셈 C = A×B의 순차 프로그램은 다음과 같다. 배열 C의 각 원소는 배열 A의 해당 행과 배열 B의 해당 열을 곱하여 전체의 값을 합한 값이다.

```
for i = 0 to N-1 {
    for j = 0 to N-1 {
        for k = 0 to N-1 {
            ci,j += ai,k * bk,j
        }
    }
}
```

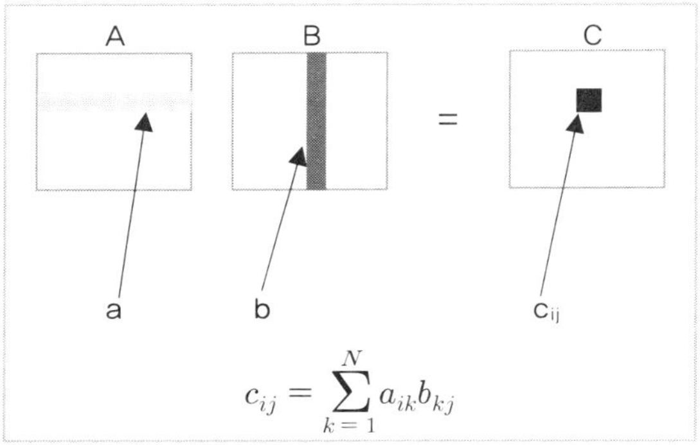

3.10.1 캐논(Cannon)의 행렬의 곱 프로그램

캐논의 행렬의 곱 프로그램은 1969년도에 캐논(Lynn E. Cannon)이 개발한 정방형 행렬의 곱을 계산하기 위한 알고리즘이다. 이 알고리즘을 적용한 분산 메모리형의 병렬 프로그램은 점대점 통신 함수만 사용하여 구현 가능하며 가장 이상적인 계산 성능을 보이는 것으로 알려져 있다. 병렬 프로그램의 알고리즘은 다음과 같다.

```
for i = 0 to N-1 {
    step1: C += A*B
    step2: shift A west
    step3: shift B north
}
```

다음은 N = 3인 경우의 실행 과정을 그림으로 나타낸다.

먼저 계산 이전에 다음과 같이 초기 배열 A는 오른쪽으로 N-1-i(i는 배열의 첫째 인덱스) 만큼, B는 N-1-j(j는 배열의 두 번째 인덱스)만큼 아래쪽으로 이동해야 한다.

initial

$A_{0,1}$ $B_{1,0}$	$A_{0,2}$ $B_{2,1}$	$A_{0,0}$ $B_{0,2}$
$A_{1,2}$ $B_{2,0}$	$A_{1,0}$ $B_{0,1}$	$A_{1,1}$ $A_{1,2}$
$A_{2,0}$ $B_{0,0}$	$A_{2,1}$ $B_{1,1}$	$A_{2,2}$ $A_{2,2}$

반복문에서 I = 0인 경우의 계산은 다음과 같다. 스텝 1에서 배열 C의 계산을 하고 스텝 2와 3에서 A는 오른쪽(west) B는 위쪽(north)으로 이동한다.

i = 0
step1

$A_{0,1}$ $B_{1,0}$ $\mathbf{C_{0,0}}$	$A_{0,2}$ $B_{2,1}$ $\mathbf{C_{0,1}}$	$A_{0,0}$ $B_{0,2}$ $\mathbf{C_{0,2}}$
$A_{1,2}$ $B_{2,0}$ $\mathbf{C_{1,0}}$	$A_{1,0}$ $B_{0,1}$ $\mathbf{C_{1,1}}$	$A_{1,1}$ $B_{1,2}$ $\mathbf{C_{1,2}}$
$A_{2,0}$ $B_{0,0}$ $\mathbf{C_{2,0}}$	$A_{2,1}$ $B_{1,1}$ $\mathbf{C_{2,1}}$	$A_{2,2}$ $B_{2,2}$ $\mathbf{C_{2,2}}$

step2 & step3

$A_{0,2}$ $B_{2,0}$	$A_{0,0}$ $B_{1,1}$	$A_{0,1}$ $B_{1,2}$
$A_{1,0}$ $B_{0,0}$	$A_{1,1}$ $B_{1,1}$	$A_{1,2}$ $B_{2,2}$
$A_{2,1}$ $B_{1,0}$	$A_{2,2}$ $B_{2,1}$	$A_{2,0}$ $B_{0,2}$

I = 1의 반복 계산은 다음과 같다.

i = 1
step1

$A_{0,2}$ $B_{2,0}$ $\mathbf{C_{0,0}}$	$A_{0,0}$ $B_{1,1}$ $\mathbf{C_{0,1}}$	$A_{0,1}$ $B_{1,2}$ $\mathbf{C_{0,2}}$
$A_{1,0}$ $B_{0,0}$ $\mathbf{C_{1,0}}$	$A_{1,1}$ $B_{1,1}$ $\mathbf{C_{1,1}}$	$A_{1,2}$ $B_{2,2}$ $\mathbf{C_{1,2}}$
$A_{2,1}$ $B_{1,0}$ $\mathbf{C_{2,0}}$	$A_{2,2}$ $B_{2,1}$ $\mathbf{C_{2,1}}$	$A_{2,0}$ $B_{0,2}$ $\mathbf{C_{2,2}}$

step2 & step3

$A_{0,2}$ $B_{2,0}$	$A_{0,0}$ $B_{0,1}$	$A_{0,1}$ $B_{1,2}$
$A_{1,0}$ $B_{0,0}$	$A_{1,1}$ $B_{1,1}$	$A_{1,2}$ $B_{2,2}$
$A_{2,1}$ $B_{1,0}$	$A_{2,2}$ $A_{2,1}$	$A_{2,0}$ $B_{0,2}$

마지막으로 I = 2의 반복 계산에서 배열 C의 계산을 완료한다.

i = 2
step1

$A_{0,2}$ $B_{2,0}$ $\mathbf{C_{0,0}}$	$A_{0,0}$ $B_{0,1}$ $\mathbf{C_{0,1}}$	$A_{0,1}$ $B_{1,2}$ $\mathbf{C_{0,2}}$
$A_{1,0}$ $B_{0,0}$ $\mathbf{C_{1,0}}$	$A_{1,1}$ $B_{1,1}$ $\mathbf{C_{1,1}}$	$A_{1,2}$ $B_{2,2}$ $\mathbf{C_{1,2}}$
$A_{2,1}$ $B_{1,0}$ $\mathbf{C_{2,0}}$	$A_{2,2}$ $A_{2,1}$ $\mathbf{C_{2,1}}$	$A_{2,0}$ $B_{0,2}$ $\mathbf{C_{2,2}}$

캐논의 행렬의 곱을 위한 MPI C 프로그램은 다음과 같다. 배열 A와 B의 크기는 N×N이며 사용하는 프로세스의 수는 np(= inp×jnp)이다. 프로그램에서 정의한 함수는 다음과 같다.

- **mmult()** : 순차 행렬의 곱 함수
- **communicator_cart()** : 프로세스의 정방형 2차원 격자 구조 생성
- **decompose()와 compose()** : 2차원 배열의 분할 및 통합, 예제 3.15에서의 함수와 동일

프로그램의 구조는 앞에서의 그림으로 설명한 알고리즘과 동일하다. 먼저 배열 A0와 B0를 모든 프로세스에서의 부분 배열 A와 B로 분할하고 MPI_Cart_shift()와 MPI_Sendrecv() 함수를 사용하여 초기 배열로 재배치하였다. 이후에 반복문을 사용하여 행렬의 곱 계산을 위한 3단계의 계산을 진행하였다. 마지막으로 배열 C를 프로세스 0의 C0로 통합하였다.

```
#include <stdio.h>
#include <stdlib.h>
#include <math.h>
#include "mpi.h"

void mmult(int L, int M, int N, float A[L][M], float B[M][N], float
           C[L][N])
{
   int i, j, k;
   float t;

   for (i=0; i<L; i++) {
        for (j=0; j<N; j++) {
             // C[i][j] = 0.0;
             t = 0.0;
             for (k=0; k<M; k++)
                  t += A[i][k] * B[k][j];
             C[i][j] += t;
        }
   }
}
```

```
void communicator_cart(int pid, int inp, int jnp, int *coord,
                       MPI_Comm *grid_comm, MPI_Comm *row_comm)
{
  int dim_sizes[2];
  int wrap_around[2];
  int reorder;

  dim_sizes[0] = inp;
  dim_sizes[1] = jnp;
  wrap_around[0] = wrap_around[1] = 1;
  MPI_Cart_create(MPI_COMM_WORLD, 2, dim_sizes, wrap_around,
                  reorder, grid_comm);
  MPI_Cart_coords(*grid_comm, pid, 2, coord);
  MPI_Comm_split(MPI_COMM_WORLD, coord[0], pid, row_comm);
}

int main(int argc, char* argv[])
{
  float *A0, *B0, *C0, *pa, *pb;
  float *A, *B, *C;
  int N, n, n2, i, j;
  int np, pid, inp, jnp, source, dest, source2, dest2;
  int direct, shift, next;
  MPI_Comm grid_comm, row_comm;
  int coord[2];
  MPI_Status status;
  int tag;

  MPI_Init(&argc, &argv);
  MPI_Comm_rank(MPI_COMM_WORLD, &pid);
  MPI_Comm_size(MPI_COMM_WORLD, &np);

  inp = sqrt(np);
  jnp = np/inp;
```

```
if (pid == 0) {
    A0 = (float*)malloc(sizeof(float)*N*N);
    B0 = (float*)malloc(sizeof(float)*N*N);
    C0 = (float*)malloc(sizeof(float)*N*N);

    // initialize A0 and B0
    for (i=0; i<jnp-1; i++) {
         for (i=0; i<jnp-1; i++) {
              A0[i][j] = (float)rand();
              B0[i][j] = (float)rand();
         }
    }
}

n = N/inp; n2 = n*n;
A = (float*)malloc(sizeof(float)*n2);
B = (float*)malloc(sizeof(float)*n2);
C = (float*)malloc(sizeof(float)*n2);

// decompose A and B
decompose(A0, A, ...);
decompose(B0, B, ...);

communicator_cart(pid, inp, jnp, coord, &grid_comm, &row_comm);

// Diagonal of A shifted to rightmost column
direct = 1;
for (i=0; i<inp-1; i++) {
    shift = -(i+1) ;
    MPI_Cart_shift(grid_comm, direct, shift, &source, &dest);
    if (coord[0] == i) {
        MPI_Sendrecv(A, n2, MPI_FLOAT, dest, tag, A, n2, MPI_FLOAT, source,
                     tag, MPI_COMM_WORLD, &status);
    }
}
```

```
    // Diagonal of B shifted to bottom row
    direct = 0;
    for (i=0; i<jnp-1; i++) {
       shift = -(i+1) ;
       MPI_Cart_shift(grid_comm, direct, shift, &source, &dest);

       if (coord[1] == i)
          MPI_Sendrecv(B, n2, MPI_FLOAT, dest, tag, B, n2, MPI_FLOAT, source,
                  tag, MPI_COMM_WORLD, &status);
    }
    // shift west
    direct = 1;
    shift = -1 ;
    MPI_Cart_shift(grid_comm, direct, shift, &source, &dest);

    // shift north
    direct = 0;
    shift = -1 ;
    MPI_Cart_shift(grid_comm, direct, shift, &source2, &dest2);

    for (i=0; i<inp; i++) {
      // step1: C += A * B
      mmult(n, n, n, A, B, C);

      // step2: shift A west
      MPI_Sendrecv(A, n2, MPI_FLOAT, dest, tag, A, n2, MPI_FLOAT, source,
              tag, MPI_COMM_WORLD, &status);

      // shift B north
      MPI_Sendrecv(B, n2, MPI_FLOAT, dest2, tag, B, n2, MPI_FLOAT, source2,
              tag, MPI_COMM_WORLD, &status);
    }
    // compose C0
    compose(C, C0, ...);
    if (pid == 0) {
```

```
        free(A0); free(B0); free(C0);
    }
    free(A); free(B); free(C);

    MPI_Finalize();
}
```

3.10.2 폭스(Fox)의 행렬의 곱 프로그램

폭스(Geoffrey Fox)가 개발한 폭스의 행렬의 곱 프로그램은 캐논의 프로그램과는 달리 배열을 재배치하지 않고 계산하기 때문에 초기 배열의 재배치에 따른 부하가 없다. 하지만 MPI_Bcast() 함수를 사용하기 때문에 이 전에 설명한 바와 같이 함수 자체의 비효율이 발생할 수 있다. 알고리즘은 다음과 같다.

```
for i = 0 to N-1 {
    step1: broadcast diag Ai to row
    step2: C += A * B
    step3: shift B north
}
```

다음은 N = 3인 경우에 반복문을 실행하는 과정에서 배열의 이동 및 계산의 형태를 스텝별로 보여준다.

I = 0의 계산은 다음과 같다. 부분 배열 $A_{0,0}$, $A_{1,1}$, $A_{2,2}$의 값이 같은 행에 위치한 프로세스로 전달되고 각 프로세스는 부분 배열의 곱 연산을 실행한다. 이후 B의 부분 배열은 위 프로세스의 방향으로 이동한다.

i = 0
step1 & step2

$A_{0,0}$ $B_{0,0}$ $\mathbf{C_{0,0}}$	$A_{0,0}$ $B_{0,1}$ $\mathbf{C_{0,1}}$	$A_{0,0}$ $B_{0,2}$ $\mathbf{C_{0,2}}$
$A_{1,1}$ $B_{1,0}$ $\mathbf{C_{1,0}}$	$A_{1,1}$ $B_{1,1}$ $\mathbf{C_{1,1}}$	$A_{1,1}$ $B_{1,2}$ $\mathbf{C_{1,2}}$
$A_{2,2}$ $B_{2,0}$ $\mathbf{C_{2,0}}$	$A_{2,2}$ $B_{2,1}$ $\mathbf{C_{2,1}}$	$A_{2,2}$ $B_{2,2}$ $\mathbf{C_{2,2}}$

step3

$A_{0,0}$ $B_{1,0}$	$A_{0,0}$ $B_{1,1}$	$A_{0,0}$ $B_{1,2}$
$A_{1,1}$ $B_{2,0}$	$A_{1,1}$ $B_{2,1}$	$A_{1,1}$ $B_{2,2}$
$A_{2,2}$ $B_{0,0}$	$A_{2,2}$ $B_{0,1}$	$A_{2,2}$ $B_{0,2}$

I = 1의 계산에서는 부분 배열 $A_{0,1}$, $A_{1,2}$, $A_{2,0}$의 값이 같은 행에 위치한 프로세스로 전달되고 각 프로세스는 부분 배열의 곱 연산을 실행한 후 기존의 값에 더한다. B의 부분 배열은 위 프로세스의 방향으로 이동한다.

i = 1
step1 & step2

$A_{0,1}$ $B_{1,0}$ $\mathbf{C_{0,0}}$	$A_{0,1}$ $B_{1,1}$ $\mathbf{C_{0,1}}$	$A_{0,1}$ $B_{1,2}$ $\mathbf{C_{0,2}}$
$A_{1,2}$ $B_{2,0}$ $\mathbf{C_{1,0}}$	$A_{1,2}$ $B_{2,1}$ $\mathbf{C_{1,1}}$	$A_{1,2}$ $B_{2,2}$ $\mathbf{C_{1,2}}$
$A_{2,0}$ $B_{0,0}$ $\mathbf{C_{2,0}}$	$A_{2,0}$ $B_{0,1}$ $\mathbf{C_{2,1}}$	$A_{2,0}$ $B_{0,2}$ $\mathbf{C_{2,2}}$

step3

$A_{0,1}$ $B_{2,0}$	$A_{0,1}$ $B_{2,1}$	$A_{0,1}$ $B_{2,2}$
$A_{1,2}$ $B_{0,0}$	$A_{1,2}$ $B_{0,1}$	$A_{1,2}$ $B_{0,2}$
$A_{2,0}$ $B_{1,0}$	$A_{2,0}$ $A_{1,1}$	$A_{2,0}$ $B_{1,2}$

마지막으로 i=2의 계산에서는 부분 배열 $A_{0,2}$, $A_{1,0}$, $A_{2,1}$의 값이 같은 행에 위치한 프로세스로 전달되고 각 프로세스는 부분 배열의 곱 연산을 실행하여 기존의 값에 더하면 최종적으로 행렬의 곱 연산이 완료된다.

i = 2
step1 & step2

$A_{0,2}$ $B_{2,0}$ $\mathbf{C_{0,0}}$	$A_{0,2}$ $B_{2,1}$ $\mathbf{C_{0,1}}$	$A_{0,2}$ $B_{2,2}$ $\mathbf{C_{0,2}}$
$A_{1,0}$ $B_{0,0}$ $\mathbf{C_{1,0}}$	$A_{1,0}$ $B_{0,1}$ $\mathbf{C_{1,1}}$	$A_{1,0}$ $B_{0,2}$ $\mathbf{C_{1,2}}$
$A_{2,1}$ $B_{1,0}$ $\mathbf{C_{2,0}}$	$A_{2,1}$ $B_{1,1}$ $\mathbf{C_{2,1}}$	$A_{2,1}$ $B_{1,2}$ $\mathbf{C_{2,2}}$

폭스의 행렬의 곱을 위한 MPI C 병렬 프로그램의 주요 부분은 다음과 같다. 케논의 프로그램과 동일한 크기의 배열과 프로세스를 사용하였으며 프로그램의 중복되는 부분은 생략하였다. 프로그램은 앞에서의 그림으로 설명한 알고리즘과 같이 3단계로 구성된 반복문을 사용하였으며, 단계 1(step1)에서의 MPI_Bcast() 함수는 행 방향으로 분리한 통신 전달자 row_comm을 사용하였다.

```
// cartesian communicator for shift B north
direct = 0;
shift = -1;      // shift by 1
MPI_Cart_shift(grid_comm, direct, shift, &source, &dest);

next = coord[0];
for (i=0; i<inp; i++) {
    // step1: broadcast diag Ai to row
    pa = A; pb = A2;
    for (j=0; j<n2; j++)
        *pa++ = *pb++;
    MPI_Bcast(A, n2, MPI_FLOAT, (next++)%jnp, row_comm);

    // step2: C += A * B
    mmult(n, n, n, A, B, C);

    // step3: shift B north
```

```
    MPI_Sendrecv(B, n2, MPI_FLOAT, dest, tag, B, n2, MPI_FLOAT, source,
                 tag, MPI_COMM_WORLD, &status);
}
```

3.11 2차원 좌표의 격자에서 인접한 값을 사용하는 프로그램

다음 프로그램은 미분방정식을 사용하는 과학 및 공학 분야 현업 프로그램에서 쉽게 볼 수 있는 계산 방식이다. 순차 프로그램에서는 프로그램이 단순하지만 병렬 프로그램에서는 데이터가 프로세스로 분할이 되기 때문에 MPI 함수를 사용하기 위하여 여러 설정이 필요하다.

```
for (i = 1; i < N-1; i++)
    for (j = 1; j < N-1; j++)
        B[i][j] = (A[i][j] + A[i+1][j] + A[i-1][j] + A[i][j+1] + A[i][j-1])
                  /5.0;
```

병렬 프로그램은 3단계로 나누어진다.

❶ 프로세스 0에서 모든 프로세스로 데이터(A) 분할 - decompose()

❷ 분할된 데이터(local(B))의 병렬 계산

❸ 프로세스 0으로 데이터(B) 통합 - compose()

❸ 단계에서 분할된 데이터를 계산할 때 데이터의 경계 부분은 계산하고자 하는 데이터가 다른 프로세스에 존재하기 때문에 계산하기 전에 해당 프로세스로부터 경계 부분의 데이터를 가지고 와야 한다. 다른 프로세스에 위치한 데이터를 전송받기 위해서는 네 가지의 다른 방향에서 각각 전송이 가능하기 때문에 4개 가장자리 버퍼를 포함하여 분할된 배열을 설정하여야 한다. 그림 3.7은 16개의 프로세스를 사용한다고 가정했을 때 P_0부터 P_{15}까지 프로세스에서 버퍼를 포함한 분할 데이터(local_A와 local_B)의 설정을 보여준다. 배열 A, B의 크

기가 16×16이라고 가정하면 local_A, local_B의 크기는 6×6 (=(16/4+1+1)×(16/4+1+1))가 된다.

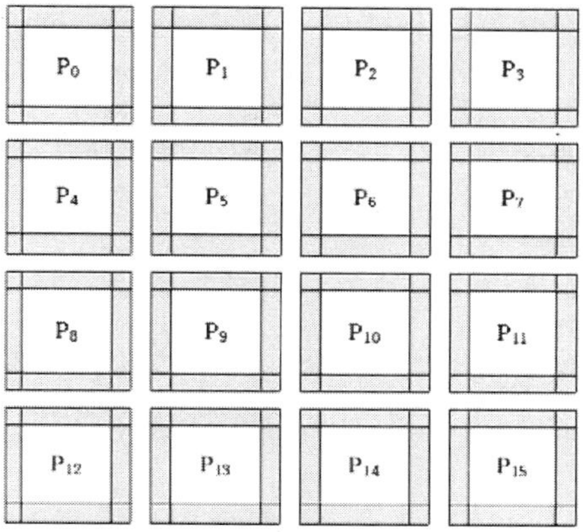

그림 3.7 프로세스의 분할 데이터의 설정

그림 3.8은 경계 부분에서 A[i-1][j], A[i+1][j], A[i][j-1], A[i][j+1]를 읽기 위하여 필요한 사전 통신을 보여준다. 네 방향의 통신을 위한 함수 comm()은 ❷ 단계 이전에 실행하여야 한다. 예를 들어 계산에 필요한 A[i-1][j] 값을 읽어야 하는데 이 값은 분산이 되어 있어서 최상위의 행에서는 다른 프로세스에 존재한다. 따라서 격자에서 위쪽 프로세스로부터 이 값을 전송받아야 한다.

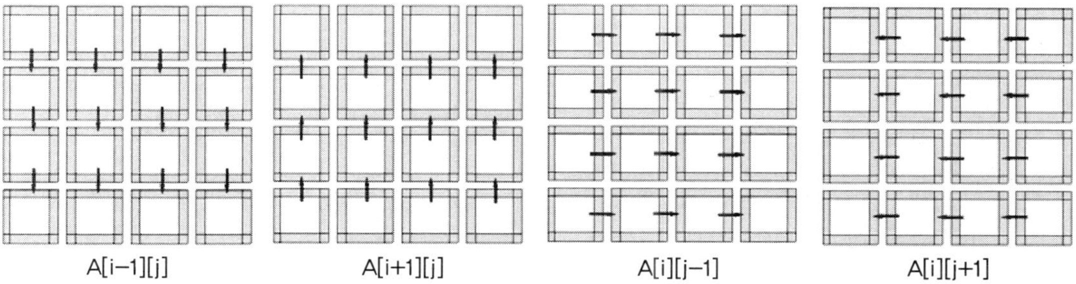

그림 3.8 경계 부분의 4 방향 사전 통신

A[i][j-1]와 A[i][j+1]을 읽기 위한 사전 통신에서는 열을 전송하기 때문에 MPI_Type_vector() 함수를 사용하여 mpi_col_t 벡터 타입을 설정하였다. 통신 함수는 MPI_Send()와 MPI_Recv() 함수를 사용하였으며 격자 프로세스에서 이동(shift) 전송을 하기 위하여 MPI_Cart_create() 함수와 MPI_Cart_coords() 함수를 사용하였다.

한편 순차 프로그램에서의 반복문은 경계 부분을 제외한 배열의 계산으로서 1부터 N-2까지만 계산하기 때문에 병렬 프로그램에서는 격자값 coord 배열의 값을 사용하여 경계에 있는 프로세스를 구분하였다. 경계가 아닌 내부에 있는 프로세스들은 해당이 되지 않기 때문에 전 영역을 계산하였다.

❶와 ❸ 단계에서의 decompose()와 compose() 함수는 예제 3.15에서 사용한 MPI_Scatterv() 함수와 MPI_Gatherv() 함수의 사용 방식과 동일하다.

MPI C 프로그램은 다음과 같다. 볼드체로 표현한 부분이 배열의 실제 계산 프로그램이다. decompose()와 compose() 함수는 생략하였다.

```
void comm(MPI_Comm grid_comm, int direct, int shift, int *coord,
          MPI_Datatype dtype, int np, int local_N, float A[][M+2])
{
   int source, dest, nosend, norecv, si, sj, ri, rj, sr;
   MPI_Status status;

   MPI_Cart_shift(grid_comm, direct, shift, &source, &dest);

   if (shift == 1) {
      nosend = np-1; norecv = 0;
      if (direct == 0) {si = local_N; sj = 1; ri = 0; rj = 1; sr = local_N;}
      else if (direct == 1) {si = 1; sj = local_N; ri = 1; rj = 0; sr = 1;}
   }
   else if (shift == -1) {
      nosend = 0; norecv = np-1;
      if (direct == 0) {si = 1; sj = 1; ri = local_N+1; rj = 1; sr = local_N;}
      else if (direct == 1) {si = 1; sj = 1; ri = 1; rj = local_N+1; sr = 1;}
   }
```

```
    if (coord[direct] != nosend)
        MPI_Send(&A[si][sj], sr, dtype, dest, 0, MPI_COMM_WORLD);
    if (coord[direct] != norecv)
        MPI_Recv(&A[ri][rj], sr, dtype, source, 0, MPI_COMM_WORLD, &status);
}

    main()
    {
    ...
    MPI_Comm_size(MPI_COMM_WORLD, &np2);

    np = sqrt(np2);
    local_N = N/np;
    ...
    dims[0] = dims[1] = np;
    wrap[0] =  wrap[1] = 0;
    MPI_Cart_create(MPI_COMM_WORLD, 2, dims, wrap, reorder, &grid_comm);
    MPI_Cart_coords(grid_comm, pid, 2, coord);

    for (i=1; i < local_N+1; i++)
        for (j=1; j < local_N+1; j++) {
            local_A[i][j] = 0.0;
            local_B[i][j] = 0.0;
        }

    decompose(np, local_N, A, local_A);

    MPI_Type_vector(local_N, 1, local_N+2, MPI_FLOAT, &mpi_col_t);
    MPI_Type_commit(&mpi_col_t);

    comm(grid_comm, 0, 1, coord, MPI_FLOAT, np, local_N, local_A); // A[i-1][j]
    comm(grid_comm, 0, -1, coord, MPI_FLOAT, np, local_N, local_A); //A[i+1][j]
    comm(grid_comm, 1, 1, coord, mpi_col_t, np, local_N, local_A); // A[i][j-1]
    comm(grid_comm, 1, -1, coord, mpi_col_t, np, local_N, local_A); // A[i][j+1]
```

```
    si = sj = 1;
    if (coord[0] == 0) si = si+1;
    if (coord[1] == 0) sj = sj+1;
    ei = ej = local_N+1;
    if (coord[0] == (np-1)) ei = ei-1;
    if (coord[1]== (np-1)) ej = ej-1;

    for (i = si; i < ei; i++)
        for (j = sj; j < ej; j++)
            local_B[i][j] = (local_A[i][j] + local_A[i+1][j] + local_A[i-1][j]
                          + local_A[i][j+1] + local_A[i][j-1])/5.0;

    compose(np, local_N, local_B, A);

    MPI_Finalize();
  }
```

MPI Fortran 프로그램은 다음과 같다. C 프로그램과는 다르게 행을 전송하기 위하여 mpi_type_vector() 함수를 사용하여 mpi_row_t 벡터 형을 설정하였다.

```
      subroutine comm(grid_comm, direct, shift, coord, dtype, np,
     1                local_N, A)
      implicit none
      include "mpif.h"
      real A(M+2,M+2)
      integer grid_comm, direct, shift, coord(2), dtype, np, local_N
      integer source, dest, nosend, norecv, si, sj, ri, rj, sr
      integer status(mpi_status_size), err

      call mpi_cart_shift(grid_comm, direct, shift, source, dest, err)
      if (shift == 1) then
         nosend = np-1; norecv = 0
         if (direct == 0) then
            si = local_N+1; sj = 2; ri = 1; rj = 2; sr = 1
```

```
      else if (direct == 1) then
         si = 2; sj = local_N+1; ri = 2; rj = 1; sr = local_N
      endif
   else if (shift == -1) then
      nosend = 0; norecv = np-1
      if (direct == 0) then
         si = 2; sj = 2; ri = local_N+2; rj = 2; sr = 1
      else if (direct == 1) then
         si = 2; sj = 2; ri = 2; rj = local_N+2; sr = local_N
      endif
   endif

   if (coord(direct+1).ne.nosend)
  1    call mpi_send(A(si,sj), sr, dtype, dest, 0,
  2                mpi_comm_world, err)
   if (coord(direct+1).ne.norecv)
  1    call mpi_recv(A(ri,rj), sr, dtype, source, 0,
  2                mpi_comm_world, status, err)
   end subroutine

   program grid_comm
   ...
   call mpi_comm_size(mpi_comm_world, np2, err)

   np = int(sqrt(real(np2)))
   local_N = N/np
   ...
   dims(1) = np; dims(2) = np
   wrap(1) = 0; wrap(2) = 0
   call mpi_cart_create(mpi_comm_world, 2, dims, wrap, reorder,
  1                    grid_comm, err)
   call MPI_cart_coords(grid_comm, pid, 2, coord, err)
   local_A(2:local_N+1,2:local_N+1) = 0.0
   local_B(2:local_N+1,2:local_N+1) = 0.0
```

```
      call decompose(np, local_N, A, local_A)

      call mpi_type_vector(local_N, 1, local_N+2, mpi_real, mpi_row_t,
     1                    err)
      call mpi_type_commit(mpi_row_t, err)

c     for A(i-1,j)
      call comm(grid_comm, 0, 1, coord, mpi_row_t, np, local_N, local_A)
c     for A(i+1,j)
      call comm(grid_comm, 0, -1, coord, mpi_row_t, np, local_N,local_A)
c     for A(i,j-1)
      call comm(grid_comm, 1, 1, coord, mpi_real, np, local_N, local_A)
c     for A(i,j+1)
      call comm(grid_comm, 1, -1, coord, mpi_real, np, local_N, local_A)

      si = 2; sj = 2
      if (coord(1) .eq. 0) si = si+1
      if (coord(2) .eq. 0) sj = sj+1
      ei = local_N+1; ej = local_N+1
      if (coord(1) .eq. (np-1)) ei = ei-1
      if (coord(2) .eq. (np-1)) ej = ej-1

      do i=si, ei
         do j=sj, ej

  local_B(i,j)=(local_A(i,j)+local_A(i-1,j)+local_A(i,j-1)
     1          +local_A(i+1,j)+local_A(i,j+1))/5.0
        enddo
      enddo

      call compose(np, local_N, local_B, B)

      call mpi_finalize(err)
      end program
```

3.12 사다리꼴 공식으로 원주율(π)을 계산하는 MPI 프로그램

2.6절에서 OpenMP를 사용하여 원주율을 계산해 본 것과 마찬가지로 본 절에서는 원주율 π의 값을 적분식을 이용하여 계산하고 실행 시간을 측정하는 MPI C 프로그램을 설명한다.

```
#include <stdio.h>
#include <stdlib.h>
#include <math.h>
#include "mpi.h"

#define N 1000000000
#define RADIUS 100

int main(int argc, char *argv[])
{
    int np, pid, source, dest;
    int tag = 0;
    MPI_Status status;

    double w, x, y, area, local_area;
    int local_N;
    double start, end;
    long i;

    MPI_Init(&argc, &argv);
    MPI_Comm_rank(MPI_COMM_WORLD, &pid);
    MPI_Comm_size(MPI_COMM_WORLD, &np);

    start = MPI_Wtime();

    local_N = N/np;
    local_area = 0.0;
    w = (double)RADIUS/(double)N;
```

```
    x = ((double)RADIUS/(double)np)*(double)pid;

    for (i=1; i<local_N; i++) {
        x += w;
        y = sqrt(fabs((double)RADIUS*(double)RADIUS-x*x));
        local_area +=  w * y;
    }

     MPI_Reduce(&local_area, &area, 1, MPI_DOUBLE, MPI_SUM, 0,
               MPI_COMM_WORLD);

    end = MPI_Wtime();

    if (pid == 0) {
       printf("time: %f milliseconds, area: %f₩n", end-start, area*4);
    }

    MPI_Finalize();
    exit(0);
}
```

프로그램에서는 적분식에서의 dx(변수 w) 값을 N을 RADIUS 값으로 나눈 값으로 설정하였다. 각 프로세스에서의 초기의 x 값은 RADIUS를 프로세스의 수로 나눈 값에 프로세스의 ID를 곱해서 설정하였다. 모든 프로세스는 병렬로 해당 영역을 계산하고 MPI_Reduce() 함수를 사용하여 합계를 계산하였다. 계산 시간의 측정을 위하여 MPI_Wtime() 함수를 사용하였으며 출력은 계산 면적에 4를 곱해서 계산된 $\pi \times RADIUS^2$ 값을 출력하였다.

Fortran 프로그램은 다음과 같다.

```
#define N 1000000000
#define RADIUS 100
      program circle
      implicit none
      include "mpif.h"
      integer np, pid
      real*8 dx, y, x, area, local_area
      integer*8 local_N, i, start, millisecond
      integer tag, err

      call mpi_init(err)
      call mpi_comm_rank(mpi_comm_world, pid, err)
      call mpi_comm_size(mpi_comm_world, np, err)

      start = mpi_wtime()

      local_N = N/np
      dx = real(RADIUS,8)/real(N,8)
      x = (RADIUS/np)*pid
      local_area = 0.0

      do i=1, local_N
         x = x + dx
         y = sqrt(abs(real(RADIUS*RADIUS,8)-real(x*x,8)))
         local_area = local_area + dx * y
      enddo

      call mpi_reduce(local_area, area, 1, mpi_double, mpi_sum, 0,
     1                mpi_comm_world, err)
      if (pid .eq. 0) then
         print('(f10.2,f20.15)'), mpi_wtime()-start,
     1         area*4/(RADIUS*RADIUS)
      endif
      end
```

연습문제

1. 다음 그림과 같이 P_1의 int 변수 data를 모든 홀수 번째의 프로세스들로 전달하는 MPI 프로그램을 구현하라. 프로세스의 개수는 4개 이상의 짝수로 가정한다.

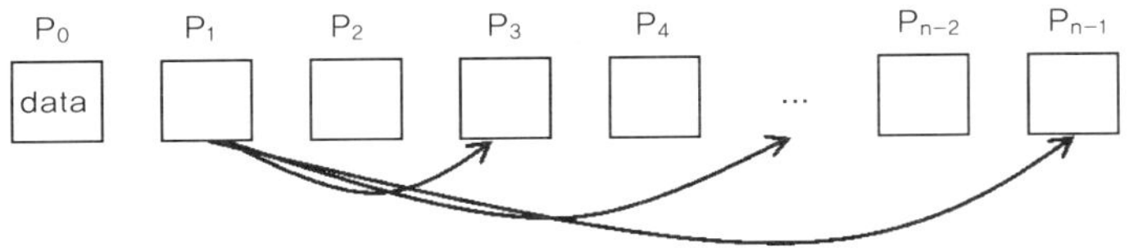

2. MPI_Bcast()함수를 $\log_2 N$ 반복문을 사용하여 점대점 통신 함수를 사용하여 구현하라.

3. 다음 프로그램을 MPI_Scatter() 함수와 MPI_Gather() 함수를 사용하여 병렬 프로그램으로 구현하라.

```
#define N 10000000
main()
{
   int A[N], X[N], Y[N], a;
   int i;

   for (i=0; i<N; i++) {
        A[i] = a * X[i] + Y[i];
}
```

4. 다음 프로그램을 MPI_Scatterv() 함수와 MPI_Gatherv() 함수를 사용하여 병렬 프로그램으로 구현하라.

```
#define N 1000
main()
{
    int A[N][N], B[N][N], B[N][N];
    int i, j;

    for (i=0; i<N; i++) {
        for (j=0; j<N; j++) {
            C[i][j] = A[i][j] + B[i][j];
}
```

5. 다음 그림과 같이 P_0에의 A[N][N]에서 주어진 값 x, y, hight, width에 따라 잘라낸 부분만 P_1으로 전송하는 프로그램을 MPI_Type_vector() 함수 혹은 MPI_Type_indexed() 함수를 사용하여 구현하라

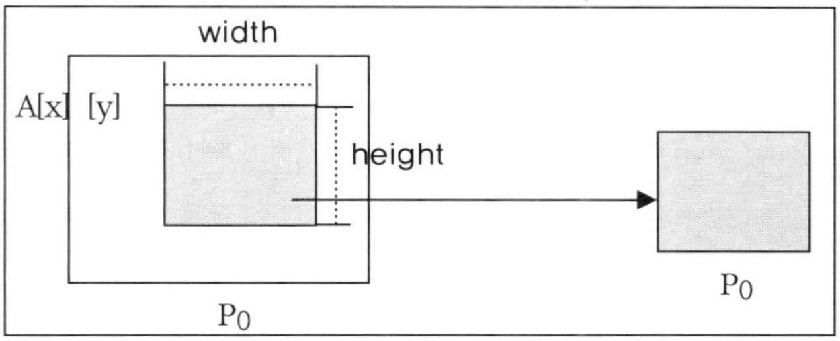

6. 도메인을 분할하는 방식은 다음 그림과 같이 블록 분할과 흩어짐(scattered)로 나누어진다. 블록 분할은 3.5절의 프로그램과 같이 모든 프로세스에 부분 도메인으로 나누어 전송하고 scattered 분할에서는 부분 도메인을 프로세스로 나누어 반복 전송하는 방식이다. Scattered 분할은 각 프로세서가 도메인의 부분을 차지하기 때문에 계산이 진행되면서 도메인의 크기가 작아지는 수치 계산 등에서 많이 사용된다. Scattered 분할 프로그램을 MPI_Scatterv() 함수를 사용하여 구현하라.

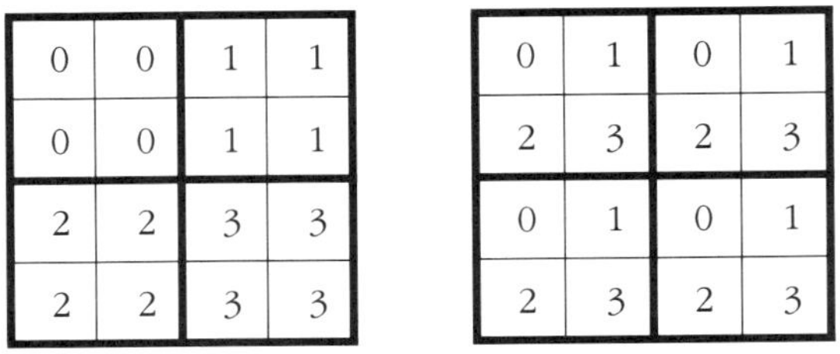

(a) block 분할　　(b) scattered 분할

7. 예제 3.17 프로그램을 참고로 하여 다음과 같이 데이터를 전송하는 MPI 프로그램을 구현하라.

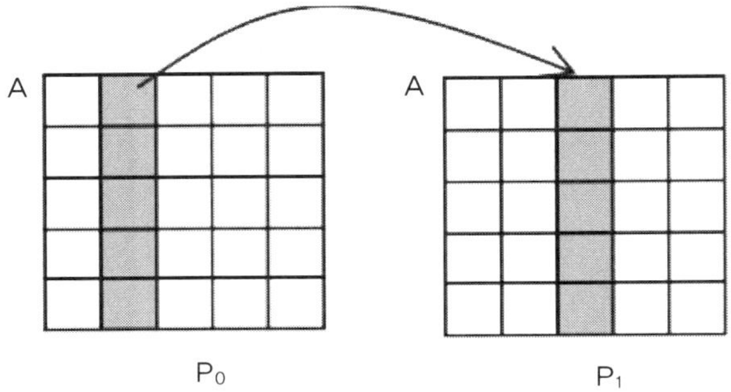

8. 예제 3.18의 프로그램을 참고로 하여 그림과 같이 하위 삼각(lower triangular) 배열을 전송하는 프로그램을 구현하라.

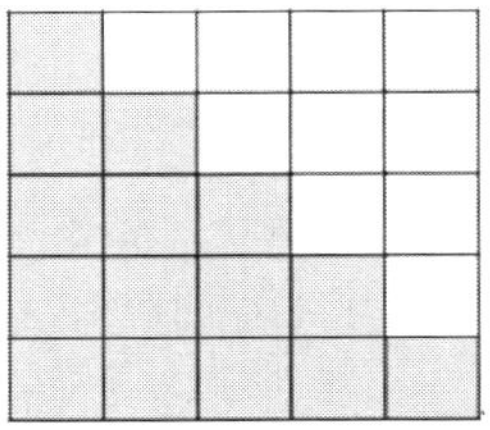

9. 다음 3개의 변수를 한 번에 전송할 수 있도록 MPI_Type_struct() 함수를 사용하여 데이터형을 만들어라.

```
float A[2]; int i; char c;
A[0] = 11; A[1] = 22; I = 333; c = ‘K’;
```

10. 3.11절에서의 설명한 방식으로 다음 프로그램을 병렬화하기 위한 통신 함수를 구현하라.

```
for (i = 1; i < N-1; i++)
    for (j = 1; j < N-1; j++)
        B[i][j] = (A[i][j] + A[i+1][j+1] + A[i-1][j-1])/3.0;
```

11. 예제 3.24 프로그램을 MPI_Iprobe() 함수를 사용하지 않고 구현하라.

12. 2차원 격자구조의 프로세스를 사용하여 가장 상위 행의 프로세스들이 데이터를 아래쪽의 모든 프로세스들로 전송하는 프로그램을 구현하라. (프로세스의 수가 16(4×4)이라고 가정하면 P_0는 P_4,P_8,P_{12}, P_1은 P_5,P_9,P_{13},..P_3은 P_7,P_{11},P_{15}으로 전송)

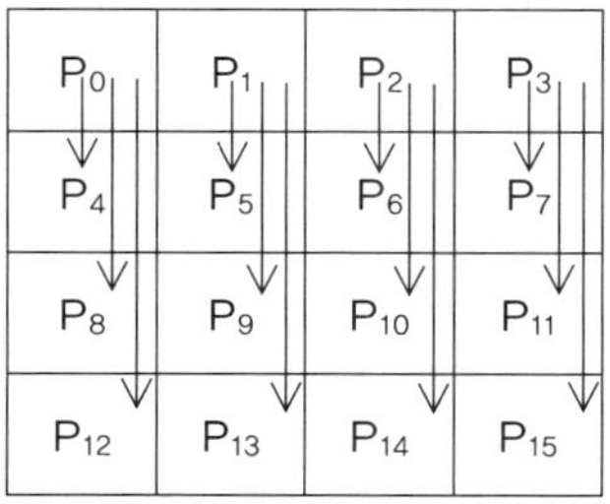

(1) MPI_Send()와 MPI_Recv() 함수를 사용

(2) MPI_Comm_create()와 MPI_Bcast()함수 사용

(2) MPI_Comm_split()와 MPI_Bcast()함수 사용

Chapter

GPU 프로그래밍 – CUDA

GPU(Graphic Processing Unit)는 그래픽 카드로 불리며 컴퓨터의 모니터에 연결이 되어 그래픽 출력을 위한 장치이다. GPU는 그래픽 출력을 계산하기 위하여 다수의 코어를 병렬로 사용하는데 GPU 제작 회사인 엔비디아(Nvidia)에서는 고급 프로그램 언어를 사용하여 GPU에서 범용 프로그램을 구현할 수 있는 CUDA(Computer Unified Device Architecture) 모델을 개발하였다. 이에 GPU는 가격 대비 성능의 효율성이 높은 계산 장치로서 초고속 컴퓨팅 분야에 많이 사용되고 있다. 이 장에서는 GPU에서 실행하기 위한 CUDA 병렬 프로그래밍의 구현 방식에 대하여 설명한다.

4.1 GPU와 CUDA

GPU는 컴퓨터에 주변 장치를 연결하는 인터페이스인 PCI(Peripheral Component Interconnect)에 연결하여 그래픽스의 계산을 처리하는 장치이다. GPU는 수백 개의 코어가 메모리를 공유하고 병렬 실행을 통하여 초고속 계산을 수행할 수 있으며, 그래픽 처리가 아닌 범용 계산만을 위한 GPU를 GPGPU(General Purposed GPU)라고 부른다. 여러 개의 GPU를 설치하여 동시에 사용하는 것도 가능하다.

그림 4.1(a)는 GPU를 CPU와 비교한 그림으로서 GPU에서는 하나의 제어 장치(Control Unit)가 병렬 계산이 가능한 많은 수의 연산 장치(ALU, Arithmetic Logic Unit)를 제어한다. 또한 전체 코어가 전역 메모리(DRAM)와 캐시 메모리(L2 Cache)를 공유하며 각 제어 장치에서 사용할 수 있는 캐시 메모리(L1 Cache)가 있다. 그림 4.1(b)는 범용 계산 장치인 GPGPU로서 모니터 연결 부분이 없다. GPU에서의 일반적인 계산의 형태는 그래픽 처리 방식에 따라 2차원 격자를 기반으로 한다. 따라서 GPU는 행렬의 계산에 가장 효율적으로 사용될 수 있다.

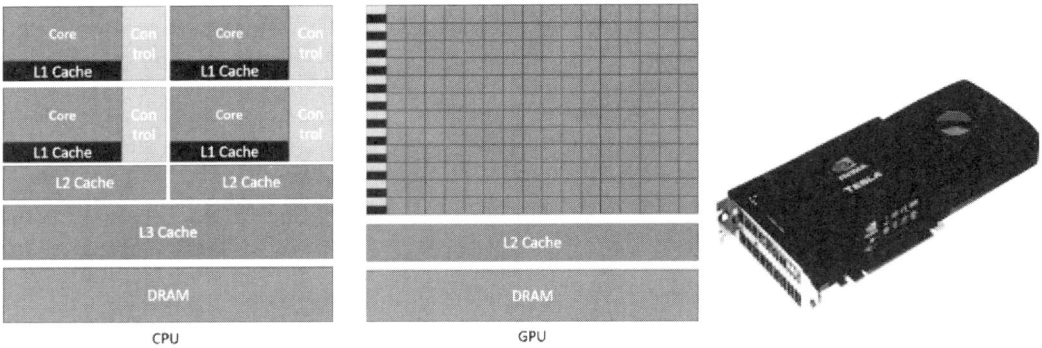

(a) CPU와 GPU의 비교 (b) GPGPU

그림 4.1 GPU 장치(그림 출처: Nvidia)

CUDA는 GPU 제작 회사인 Nvidia에서 개발한 GPU용 고급 프로그램 언어의 병렬 프로그래밍 모델로서 현재 버전 12까지 출시가 되어 있다. CUDA 프로그램 언어는 CPU 프로그램을 확장하여 구현할 수 있다. Nvidia에서는 GPU용 C 컴파일러 nvcc를 제공하고 있으며 포틀랜드 그룹(pg) 컴파일러인 상업용 컴파일러에서는 Fortran 컴파일러를 제공한다. 이 장에서 사용하는 CUDA Fortran 프로그램은 포틀랜드 그룹의 pgf90를 사용하였다.

GPU는 CPU와는 별개의 장치이기 때문에 CPU의 제어를 통하여 GPU에서 프로그램이 실행되지만 동작은 독립적이다. 따라서 CPU 프로그램은 GPU 함수를 호출한 후에 별도의 명령이 없으면 함수의 종료까지 기다리지 않고 다음 명령을 수행한다. GPU는 별도의 메모리를 가지고 있어서 필요시에는 CPU의 메모리에서(로) GPU의 메모리로(에서)의 데이터를 복사하여야 한다. GPU에서 실행하는 함수는 커널(kernel) 함수라고 부르며 커널 함수는 하나의 명령어를 사용하여 여러 개의 스레드가 GPU 코어에서 실행하기 때문에 SIMT(Single Instruction Multiple Threads)라고 부른다. 참고로 SIMT는 1장에서 설명한 SIMD와 유사한 개념이다.

4.2 CUDA 프로그래밍

4.2.1 컴파일과 실행

CUDA C 프로그램의 컴파일은 다음과 같다. 컴파일러는 Nvidia의 홈페이지에서 다운받아 설치할 수 있다.

```
nvcc program.cu
```

Fortran 프로그램은 상업용 컴파일러인 pgf90를 사용 시에는 "-M" 옵션으로 현재 설치되어 있는 CUDA의 버전을 맞춰 주어야 한다.

프로그램의 실행은 일반 프로그램과 마찬가지로 실행 파일명을 입력하면 된다.

4.2.2 커널(kernel) 함수

커널은 지정한 GPU에서 실행하는 함수를 말하며 시스템에서 자동으로 제공되는 빌트인(built-in) 변수의 값으로 정의된 다중 스레드들에 의하여 병렬로 실행된다.

다음은 C 프로그램 언어에서의 커널 함수와 호출 방식의 예이다.

```
__device__ int add(float a, float b)
{
    float c;
    c = a + b;
    return c;
}

__global__ void vecAdd(float* A, float *B, float *C)
{
```

```
    int i = threadIdx.x
    C[i] = add(A[i], B[i]);
}

main()
{
    ...
    vecAdd<<<dimGrid, dimBlock>>>(A, B, C);
}
```

위 프로그램에서 vecAdd()는 커널 함수의 이름이며 __global__를 사용하여 일반 함수와 구분한다. __global__ 함수 내에서는 시스템에서 자동으로 제공하는 빌트인 변수들을 사용할 수 있으며 C의 일반 함수와 동일한 방식으로 매개변수를 사용한다. 위 프로그램에서 변수 threadIdx.x는 각 스레드의 ID를 나타내는 빌트인 변수이며 다음 절에서 자세하게 설명한다. 커널 함수의 호출은 함수명과 변수 사이에 〈〈〈그리드의 구조, 블록의 구조〉〉〉를 정의하여 스레드의 구조와 사용하고자 하는 계산 도메인의 형태를 커널 함수에 전달한다. __device__ 함수 add()는 커널 함수에서 호출하는 함수이다.

vecAdd()의 Fortran 프로그램은 다음과 같으며 커널 함수의 호출 방식은 C 프로그램과 유사하다. 커널 함수는 attributes를 사용하여 구분한다.

```
attributes(device) real function add(a, b)
integer :: a, b
  return (a+b)
end

attributes(global) subroutine vecadd(A, B, C)
integer :: A(n), B(n), C(n)
integer :: n, i
i = threadIdx%x
C(i) = add(A(i), B(i))
end subroutine vecadd
```

```
    program main
    ...
    call vecadd<<<dimGrid, dimBlock>>>(A, B, C)
```

CUDA 프로그램에서는 계산 GPU가 2개 이상 장착이 되어 있는 경우에 다음과 같이 원하는 장치를 지정할 수 있다.

```
cudaSetDevice(num)
```

4.2.3 스레드의 계층적 구조

GPU는 다중 코어를 병렬로 실행하는 장치로서 프로그램에서 코어들을 병렬로 실행하기 위하여 그림 4.2와 같이 "그리드 ➜ 블록 ➜ 스레드"로의 계층적인 구조를 사용한다.

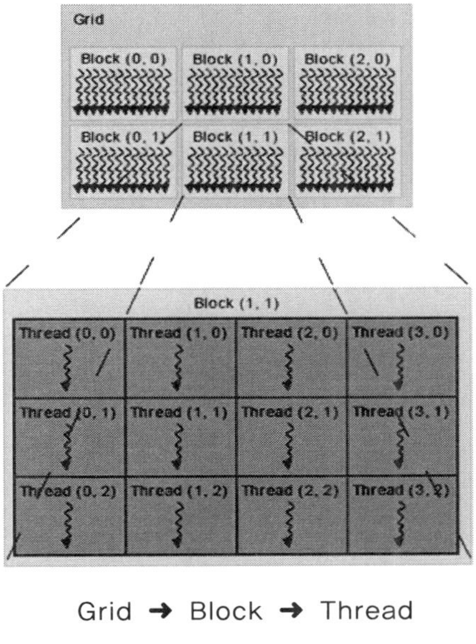

그림 4.2 스레드의 계층적 구조(그림 출처: Nvidia)

스레드는 하나의 코어에서 계산을 실행하는 단위이며 그림에서는 화살표(⤵)로 나타낸다. 블록은 스레드 블록이라고 불리며 다중 스레드들로 구성되며 하드웨어적으로 병렬로 실행되어 성능을 높인다. 그림 4.2에서는 12(= 3×4)개의 스레드가 동시에 실행이 된다. 최대한 실행될 수 있는 스레드의 수는 GPU에 따라 달라지며 Nvidia Tesla C1060 GPGPU의 경우에는 이론적으로 블록당 512개의 스레드가 동시에 실행될 수 있다.

그리드는 계산하고자 하는 도메인을 말하며 여러 개의 스레드 블록으로 구성된다. GPU에서의 계산 도메인은 1차원 혹은 2차원의 격자구조를 주로 사용하기 때문에 그리드는 격자구조가 적합하다. 그리드에서 각 스레드 블록은 순차적으로 실행되며 순서는 정해지지 않는다. 그림[12]에서는 그리드가 6(= 2×3)개의 블록으로 구성이 되며 블록은 12(= 3×4)개로 전체 계산 도메인의 크기는 72(= 6×12)이다.

다음은 CUDA 프로그램에서 그리드와 블록을 정의하는 방식이다.

• 그리드(grid)

dim3 형으로 원하는 그리드의 차수와 크기를 선언할 수 있으며 dim3 형으로 선언된 변수를 사용하여 커널 함수를 호출한다. 그림 4.2에서의 그리드는 다음과 같이 변수를 선언하고 호출할 수 있다. Fortran 프로그램은 dim3 형을 3차원만으로 정의하기 때문에 dim(2,3,1)로 선언하였다.

C:

```
dim3 dimGrid(2,3);
함수명<<<dimGrid, ...>>>(변수);
```

Fortran:

```
type(dim3) :: dimGrid
dimGrid = dim3(2,3,1)
call 함수명<<<dimGrid, ...>>>(변수)
```

12) 그림 4.2에서 사용하는 2차원 인덱스는 열을 기준으로 하기 때문에 본 설명과는 배치된다.

• 블록(block)

그리드와 마찬가지로 dim3 형으로 원하는 블록의 차수와 크기를 선언할 수 있으며 선언된 변수를 사용하여 함수를 호출한다. 그림 4.2에서의 블록은 다음과 같이 선언하고 호출할 수 있다.

C:

```
dim3 dimBlock(3,4);
함수명<<<..., dimBlock>>>(변수);
```

Fortran:

```
type(dim3) :: dimBlock
dimBlock = dim3(3,4,1)
call 함수명<<< ..., dimBlock>>>(변수)
```

위에서의 그리드와 블록을 함께 정의하면 그림 4.2에서의 스레드의 계층적 구조는 다음 프로그램과 같이 정의할 수 있다. 그리드의 크기는 계산하는 도메인의 크기와 스레드 블록의 크기에 따라 결정되기 때문에 일반적으로 블록을 먼저 설정하고 도메인의 크기를 스레드 블록의 크기로 나누어 계산한다.

C:

```
dim3 dimBlock(3,4);
dim3 dimGrid(6/dimBlock.x,12/dimBlock.y)
함수명<<<dimGrid, dimBlock>>>(변수);
```

Fortran:

```
type(dim3) dimGrid, dimBlock
dimBlock = dim3(3,4,1)
dimGrid = dim3(6/dimBlock%x,12/dimBlock%y,1)
call 함수명<<<dimGrid, dimBlock>>>(변수)
```

4.2.4 커널에서의 빌트인(built-in) 변수

프로그램에서 블록과 스레드를 계층적인 크기로 선언하면 블록의 크기 및 그리드의 크기를 알 수 있는 빌트인 변수들의 값이 자동으로 설정되어 커널 함수에서 사용할 수 있다. 다음은 커널 함수에서 사용하는 그리드와 블록의 크기에 관련된 빌트인 변수들을 설명한다.

- gridDim.x(혹은 y,z) : 그리드의 크기
- blockIdx.x(혹은 y,z) : 그리드에서의 블록 인덱스
- blockDim.x(혹은 y,z) : 블록의 크기
- threadIdx.x(혹은 y,z) : 블록에서의 스레드 인덱스

변수들은 선언에 따라 3차원(x,y,z)까지 사용할 수 있다. 그리드와 블록의 크기를 나타내는 gridDim과 blockDim 변수는 하나의 값이지만, 인덱스 변수인 blockIdx와 threadIdx는 병렬의 개념으로 여러 값이 묵시적으로 동시에 설정된다. C 프로그램에서는 인덱스가 0에서 시작하고 Fortran 프로그램에서는 인덱스가 1부터 시작하는데 이 절에서는 인덱스를 C 프로그램을 기준으로 설명한다.

빌트인 변수값들을 설명하기 위하여 그림 4.3과 같은 도메인을 사용하고자 한다. 계산하는 도메인의 크기는 12×8이고 병렬로 실행되는 스레드 블록의 크기는 3×4이다. 따라서 그리드의 크기(그림에서 굵은 선)는 4×2(= (12/3)×(8/4))로 설정한다.

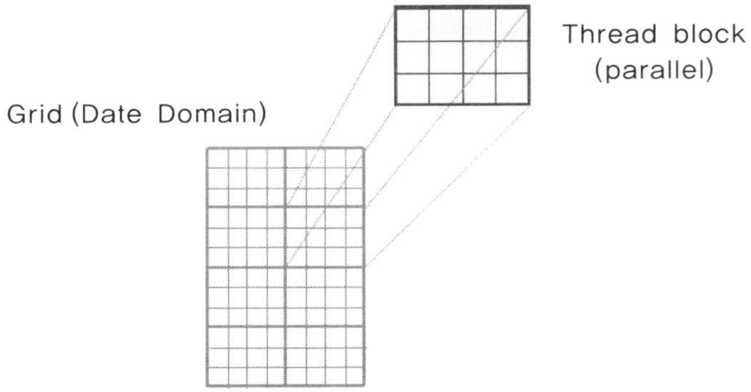

그림 4.3 계산 도메인(12×8)과 스레드 블록의 관계

C 프로그램에서 커널 함수의 호출은 다음과 같다.

```
dim3 dimBlock(3,4)
dim3 dimGrid(12/dimBlock.x,8/dimBlock.y)
...<<<dimGrid, dimBlock>>>(...)
```

dimGrid의 값을 통해 전달받은 커널 함수 내에서의 빌트인 변수값 gridDim과 blockIdx는 다음과 같다. blockIdx의 값은 8(= 4×2)개의 값이 동시에 설정된다.

- gridDim.x = 4, gridDim.y = 2
- 2차원 블록 인덱스(blockIdx,x, blockIdx.y)

00	01
10	11
20	21
30	31

dimBlock의 값을 통해 전달받은 커널 함수 내에서의 빌트인 변수값 blockDim과 threadIdx는 다음과 같다. threadIdx의 값은 12(= 3×4)개의 값이 동시에 설정된다.

- blockDim.x = 3, blockDim.y = 4
- 2차원 스레드 인덱스(threadIdx,x, threadIdx.y)

00	01	02	03
10	11	12	13
20	21	22	23

다음에서는 1차원과 2차원 계산 도메인의 예를 들어 빌트인 변수의 설정과 커널 함수에서의 사용 방식에 대해 알아본다.

(1) 1차원 도메인의 계산을 위한 빌트인 변수의 예

크기가 12인 1차원 데이터를 4개의 계산 스레드를 사용하여 계산하고자 한다. 병렬로 계산하는 스레드의 빌트인 인덱스 변수는 다음과 같으며, 4개의 스레드는 동시에 계산을 병렬 실행한다.

순차적으로 계산하게 되는 스레드 블록의 수는 3(=12/4)이기 때문에 아래와 같이 4개의 원소마다 블록의 인덱스(0,1,2)가 설정된다.

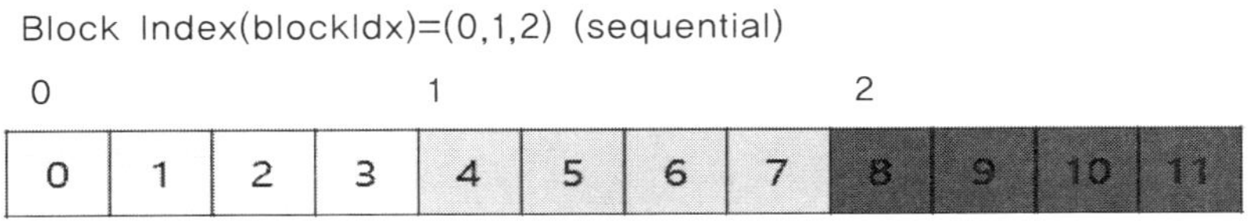

위와 같은 배열을 계산하기 위한 변수의 설정 및 커널 함수의 호출 프로그램은 다음과 같다.

```
dim3 dimBlock(4);
dim3 dimGrid(12/dimBlock.x);
gpu_kernel<<<dimGrid, dimBlock>>> (...)
```

커널 함수에서는 호출될 때 dimGrid와 dimBlock의 두 변수로부터 전달받아 자동으로 설정된 빌트인 변수 blockDim, blockIdx.x, threadIdx.x의 값들을 사용하여 다음과 같이 배열의 인덱스(i)값을 계산할 수 있다.

```
int I = blockDim.x*blockIdx.x + threadIdx.x;
          4           (0,1,2)       (0,1,2,3)
    I = 4*(0,1,2)+(0,1,2,3)
```

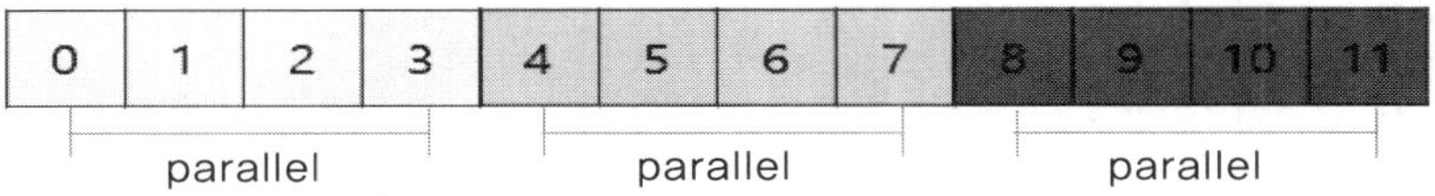

커널 함수에서는 계산된 인덱스 i의 값에 의하여 12개의 원소에 모두 접근을 할 수 있으며 4개의 데이터씩 병렬로 계산되고 이를 순차적으로 3번 반복하여 계산이 완료될 수 있다. blockIdx.x와 threadIdx.x는 3개와 4개의 값을 동시에 나타내는 병렬 인덱스이기 때문에 커널 함수에서는 배열의 12개 원소에 접근하기 위하여 반복문을 사용하지 않는다.

(2) 2차원 도메인의 계산을 위한 빌트인 변수의 예

계산하고자 하는 2차원 데이터의 도메인 크기는 6×9라고 가정한다. 사용하는 스레드의 수는 3×3이라고 가정하면 병렬로 계산이 되는 스레드 블록의 인덱스는 아래와 같다.

Thread block (dimBlock) (3×3)

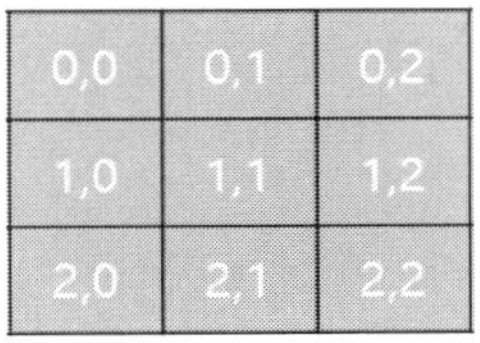

Thread Indes (threadIdx) = (0×0,0×1,..,2×2) (parallel)

계산 도메인과 스레드 블록의 크기에 의하여 계산되는 그리드의 크기는 2×3(=((6×9)/(3×3)))이며 계산 도메인(6×9)과 블록 인덱스((0,0)(0,1),..,(1,2))의 관계는 아래와 같다. 2차원 데이터를 계산할 때 6개의 블록은 순차적으로 계산이 된다.

Grid block (dimGrid): Grid(data) size)/Threads = (6×9)/(3×3) = (2×3)
Block Index (blockIdx) = (0×0,0×1,...,2×3) (sequential)

0,0	0,1	0,2	0,3	0.4	0,5	0,6	0,7	0,8
1,0	1,1	1,2	1,3	1,4	1,5	1,6	1,7	1,8
2,0	2,1	2,2	2,3	2,4	2,5	2,6	2,7	2,8
3,0	3,1	3,2	3,3	3,4	3,5	3,6	3,7	3,8
4,0	4,1	4,2	4,3	4,4	4,5	4,6	4,7	4,8
5,0	5,1	5,2	5,3	5,4	5,5	5,6	5,7	5,8

2차원 계산 도메인의 인덱스(i,j)는 스레드 블록의 인덱스와 그리드 인덱스를 사용하여 아래와 같이 계산된다.

```
i = 2*(0,1)+(0,1,2)
j = 3*(0,1,2)+(0,1,2)
```

커널 함수에서 2차원 도메인의 인덱스를 계산하기 위하여 빌트인 변수를 사용하면 프로그램은 다음과 같다.

```
int i = blockDim.x*blockIdx.x + threadIdx.x;
int j = blockDim.y*blockIdx.y + threadIdx.y;
```

1차원 도메인의 계산과 마찬가지로 blockIdx.x(y)와 threadIdx.x(y)는 동시에 나타내는 병렬 인덱스이기 때문에 커널 함수에서는 2차원 배열의 원소에 접근하기 위하여 반복문을 사용하지 않는다.

다음 예제는 커널 함수에서 2차원 도메인의 인덱스를 계산하기 위하여 사용된 빌트인 변수들의 값을 알 수 있는 프로그램이다. CUDA C 프로그램에서는 2차원 행렬 대신에 #define 지시문을 사용하여 1차원 행렬을 2차원으로 변환하였다.

예제 4.1

아래 CUDA C 프로그램을 사용하여 (a)부터 (j)까지 볼트체로 표현된 문장으로 계산되는 2차원 행렬 A의 값을 나타내어라.

```
#define A(i,j) A[i*8+j]

__global__ gpu_kernel(int *A) //gpu_kernel
{
   int i = blockDim.x*blockIdx.x + threadIdx.x;
   int j = blockDim.y*blockIdx.y + threadIdx.y;

   (a) A(i,j) = gridDim.x;
   (b) A(i,j) = gridDim.y;
   (c) A(i,j) = blockDim.x;
   (d) A(i,j) = blockDim.y;
   (e) A(i,j) = blockIdx.x;
   (f) A(i,j) = blockIdx.y;
   (g) A(i,j) = threadIdx.x;
   (h) A(i,j) = threadIdx.y;
   (i) A(i,j) = i*gridDim.y*blockDim.y+j;
}

main()
{
   int A[9][8], A_d, i, j;
   dim3 dimBlock(3,2);
   dim3 dimGrid(9/dimBlock.x,8/dimBlock.y);
   cudaMalloc((void **) &A_d, sizeof(int)*9*8);
   gpu_kernel<<<dimGrid, dimBlock>>>(A_d);
   cudaMemcpy(A, A_d, 9*8*sizeof(int), cudaMemcpyDeviceToHost);
   for(i=0; i<9; i++) {
      for(j=0; j<8; j++)
         printf("%d ", A(i,j));
      printf("₩n");
   }
}
```

계산 도메인 A의 크기가 9×8이고 스레드 블록의 크기인 변수 dimBlock가 3×2이기 때문에 그리드의 크기인 변수 dimGrid는 3×4(=(9/3)×(8/2))이다. dimBlock과 dimGrid은 매개변수로서 커널 함수에 전달된다.

실행 결과는 GPU 메모리의 배열 A_d에서 배열 A로 복사되어 출력되며 GPU의 전역 메모리 사용과 관련된 함수(이탤릭체로 표현)인 cudaMalloc()와 cudaMemcpy()에 대해서는 다음 절에서 설명한다.

❶ gridDim.x는 2차원 도메인에서 배열의 1차원 크기인 dimGrid.x의 값으로 배열 A의 원소는 모두 동일한 값인 3이 저장된다.

```
3 3 3 3 3 3 3 3
3 3 3 3 3 3 3 3
3 3 3 3 3 3 3 3
3 3 3 3 3 3 3 3
3 3 3 3 3 3 3 3
3 3 3 3 3 3 3 3
3 3 3 3 3 3 3 3
3 3 3 3 3 3 3 3
3 3 3 3 3 3 3 3
```

❷ gridDim.y는 2차원 도메인에서 배열의 2차원 크기인 dimGrid.y의 값이며 배열 A의 원소는 모두 동일한 값인 4가 저장된다. ❶의 결과와 함께 그리드의 크기 gridDim(=dimGrid)의 값은 3×4임을 알 수 있다.

```
4 4 4 4 4 4 4 4
4 4 4 4 4 4 4 4
4 4 4 4 4 4 4 4
4 4 4 4 4 4 4 4
4 4 4 4 4 4 4 4
4 4 4 4 4 4 4 4
4 4 4 4 4 4 4 4
4 4 4 4 4 4 4 4
4 4 4 4 4 4 4 4
```

❸ blockDim.x는 2차원 스레드 블록의 배열의 1차원 크기 dimBlock.x의 값이며 배열 A의 원소는 모두 동일한 값인 3이 저장된다.

3	3	3	3	3	3	3	3
3	3	3	3	3	3	3	3
3	3	3	3	3	3	3	3
3	3	3	3	3	3	3	3
3	3	3	3	3	3	3	3
3	3	3	3	3	3	3	3
3	3	3	3	3	3	3	3
3	3	3	3	3	3	3	3
3	3	3	3	3	3	3	3

❹ blockDim.y는 2차원 스레드 블록의 배열의 2차원 크기 dimBlock.y의 값이며 배열 A의 원소는 모두 동일한 값인 2가 저장된다. ❸의 결과와 함께 스레드 블록 blockDim(=dimBlock)는 3×2임을 알 수 있다.

2	2	2	2	2	2	2	2
2	2	2	2	2	2	2	2
2	2	2	2	2	2	2	2
2	2	2	2	2	2	2	2
2	2	2	2	2	2	2	2
2	2	2	2	2	2	2	2
2	2	2	2	2	2	2	2
2	2	2	2	2	2	2	2
2	2	2	2	2	2	2	2

❺ blockIdx.x는 그리드 블록의 1차원 병렬 인덱스(0,1,2)이고 배열 A의 원소는 각 블록에 해당되는 1차원 인덱스에 값이 저장되며 동일한 블록에 속한 원소는 같은 값을 저장한다.

```
0 0 0 0 0 0 0 0
0 0 0 0 0 0 0 0
0 0 0 0 0 0 0 0
1 1 1 1 1 1 1 1
1 1 1 1 1 1 1 1
1 1 1 1 1 1 1 1
2 2 2 2 2 2 2 2
2 2 2 2 2 2 2 2
2 2 2 2 2 2 2 2
```

❻ blockIdx.y는 그리드 블록의 2차원 병렬 인덱스(0,1,2,3)이고 배열 A의 원소는 해당되는 블록의 2차원 인덱스의 값이 저장된다. ❺의 결과와 함께 그리드의 인덱스가 (0,0),(0,1),…,(2,2),(2,3)임을 알 수 있다.

```
0 0 1 1 2 2 3 3
0 0 1 1 2 2 3 3
0 0 1 1 2 2 3 3
0 0 1 1 2 2 3 3
0 0 1 1 2 2 3 3
0 0 1 1 2 2 3 3
0 0 1 1 2 2 3 3
0 0 1 1 2 2 3 3
0 0 1 1 2 2 3 3
```

❼ threadIdx.x는 스레드의 블록의 1차원 병렬 인덱스(0,1,2)이고 배열 A의 각 원소에 해당하는 값이 저장된다.

0	0	0	0	0	0	0	0
1	1	1	1	1	1	1	1
2	2	2	2	2	2	2	2
0	0	0	0	0	0	0	0
1	1	1	1	1	1	1	1
2	2	2	2	2	2	2	2
0	0	0	0	0	0	0	0
1	1	1	1	1	1	1	1
2	2	2	2	2	2	2	2

❽ threadIdx.y는 스레드의 블록의 2차원 병렬 인덱스(0,1)이고 배열 A의 각 원소에 해당하는 값이 저장된다. ❼의 결과와 함께 스레드 블록의 인덱스가 (0,0),(0,1),...,(2,0),(2,1)임을 알 수 있다. 또한 스레드 블록은 모든 블록이 동일한 인덱스를 사용하는 것을 볼 수 있다.

0	1	0	1	0	1	0	1
0	1	0	1	0	1	0	1
0	1	0	1	0	1	0	1
0	1	0	1	0	1	0	1
0	1	0	1	0	1	0	1
0	1	0	1	0	1	0	1
0	1	0	1	0	1	0	1
0	1	0	1	0	1	0	1
0	1	0	1	0	1	0	1

❾ I * gridDim.y * blockDim.y + j는 i * 4 * 2 + j로서 2차원 배열을 1차원 배열로 접근할 수 있는 인덱스로 계산되어 A의 원소로서 저장이 된다. 이 식은 프로그램의 #define문을 사용하여 1차원 배열을 2차원으로 전환하는 식과 같다.

0	1	2	3	4	5	6	7
8	9	10	11	12	13	14	15
16	17	18	19	20	21	22	23
24	25	26	27	28	29	30	31
32	33	34	35	36	37	38	39
40	41	42	43	44	45	46	47
48	49	50	51	52	53	54	55
56	57	58	59	60	61	62	63
64	65	66	67	68	69	70	71

4.2.5 메모리의 계층적 구조

GPU의 메모리는 스레드의 계층적 구조와 함께 스레드, 스레드 블록, 그리드에서 접근할 수 있는 메모리로 구분된다. 그림 4.4는 GPU 메모리의 계층적 구조를 나타낸다.

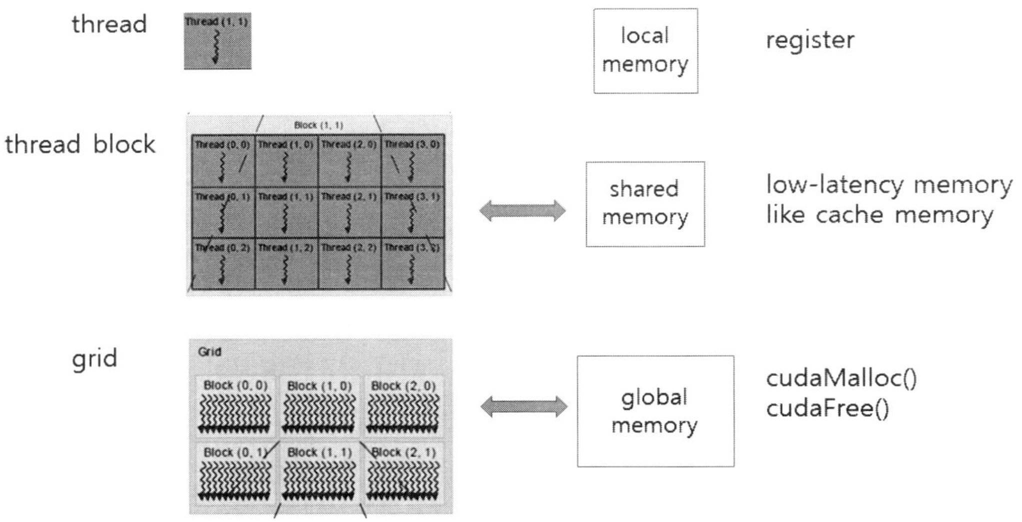

그림 4.4 GPU 메모리의 계층적 구조(그림 출처: Nvidia)

각 스레드에는 레지스터(local memory) 메모리가 있으며 스레드 블록은 공유할 수 있는 공유 메모리(shared memory)가 있다. 이 공유 메모리는 캐시 메모리의 역할을 하는데 일반 캐시 메모리와는 달리 수동으로 사용하며 실행 성능의 향상에 중요한 역할을 할 수 있다.

전역 메모리(global memory)는 그리드의 모든 스레드가 접근할 수 있는 메모리로서 cudaMalloc() 함수에 의하여 동적 할당이 되고 cudaFree() 함수에 의하여 시스템으로 되돌려진다. cudaMalloc() 함수의 매개변수는 다음과 같다. devptr 변수는 GPU 메모리 변수의 포인터이며 size는 할당하고자 하는 변수의 크기이다.

```
cudaMalloc((void **) devptr, size_t size);
```

GPU는 컴퓨터 시스템과 별도의 메모리를 사용하기 때문에 시스템에서 사용하는 변수를 GPU에서 사용하기 위해서는 필요시에는 시스템에서 값을 복사하고 계산을 마친 후 시스템의 메모리로 다시 복사하여야 한다. 메모리의 복사는 컴퓨터 내부와 비교하여 속도가 느린 PCI 장치(4.1절 참조)를 사용하기 때문에 프로그램의 성능에 제약이 될 수 있다.

다음 함수 cudaMemcopy()는 컴퓨터 시스템의 메모리와 GPU의 메모리 간에 값을 복사하는 C 프로그램에서의 함수로서 커널 함수의 밖에서 호출된다. 커널 함수의 실행 이전에 시스템에서 GPU의 메모리로 복사할 필요가 있을 때 상수 cudaMemcpyHostToDevice를 사용하여 값을 복사하고 커널 함수의 실행 이후에는 상수 cudaMemcpyDeviceToHost를 사용하여 GPU에서 시스템으로 변수를 복사한다. Fortran 프로그램은 cudaMemcopy() 함수를 사용하지 않고 일반 변수와 동일한 방식으로 복사할 수 있다.

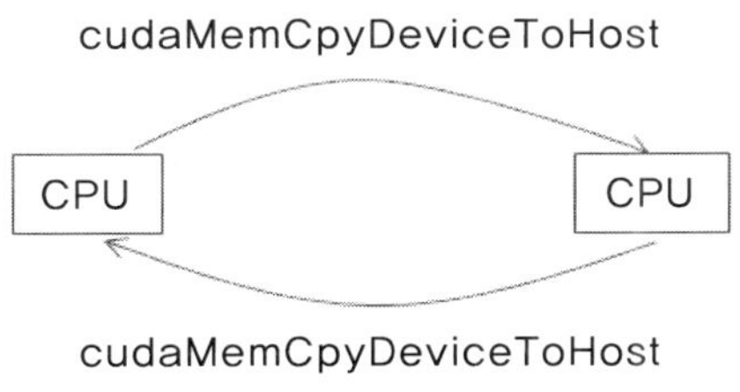

GPU의 메모리를 할당하고 시스템의 배열을 복사하는 프로그램 예제는 다음과 같다. 배열

A(N)은 시스템에 정적으로 할당이 되어 있고 A_d(N)은 GPU의 메모리에 동적으로 할당한다. ❶은 시스템에서 GPU의 메모리로(A→A_d), ❷는 GPU의 메모리에서 시스템(A_d→A)으로 복사하는 문장이다.

```
float A[N], *A_d;
cudaMalloc((void **) &A_d, sizeof(float)*N);
cudaMemcpy(A_d, A, N*sizeof(float), cudaMemcpyHostToDevice); // ❶
...
cudaMemcpy(A, A_d, N*sizeof(float), cudaMemcpyDeviceToHost); // ❷
cudaFree(A_d);
```

다음은 두 배열의 원소를 더하는 CUDA C 프로그램으로 GPU 메모리의 사용 방식을 보여준다. 프로그램에서 행렬 A_d, B_d, C_d는 GPU의 전역 메모리에 할당된다. 커널 함수에서는 이전에 설명한 바와 같이 인덱스들이 자동으로 병렬로 실행이 되기 때문에 반복문을 사용하지 않는다.

```
__global__ void vecAdd(float* A, float *B, float *C)
{
   int i = blockDim.x*blockIdx.x+threadIdx.x
   C[i] = A[i] + B[i];
}

int main()
{
   float A[N], B[N], C[N], *A_d, *B_d, *C_d;
   ...
   cudaMalloc((void **) &A, sizeof(float)*N);
   cudaMalloc((void **) &B, sizeof(float)*N);
   cudaMalloc((void **) &C, sizeof(float)*N);

   cudaMemcpy(A_d, A, N*sizeof(float), cudaMemcpyHostToDevice);
   cudaMemcpy(B_d, AB, N*sizeof(float), cudaMemcpyHostToDevice);
   vecAdd<<<dimGrid, dimBlock>>>(A_d, B_d, C_d);
```

```
    cudaMemcpy(C, C_d, N*sizeof(float), cudaMemcpyDeviceToHost);

    cudaFree(A);
    cudaFree(B);
    cudaFree(C);
}
```

동일한 Fortran 프로그램은 다음과 같다. Fortran 프로그램에서는 GPU 변수의 할당은 device를 사용하여 구분하며 allocate() 함수의 사용 및 변수의 복사를 위한 구문은 따로 구분하지 않는다.

```
 module cuda
   contains
   attributes(global) subroutine vecadd(A, B, C)
      real :: A(N), B(N), C(N)
      integer :: i
      i = (blockIdx%x-1)*blockDim%x + threadIdx%x
      C(i) = A(i) + B(i)
   end subroutine vecadd
end module

program main
   use cudafor
   use cuda
   ...
  integer, allocatable, device, dimension(:) :: A_d, B_d, C_d
  ...
  allocate(A_d(N))
  allocate(B_d(N))
  allocate(C_d(N))
  ...
  A_d = A
  B_d = B
```

```
    call vecadd<<<dimGrid, dimBlock>>>(A_d, B_d, C_d)

    C = C_d

  end program
```

예제 4.2

2차원 배열 A[N][N]과 B[N][N]을 NT * NT개의 스레드를 사용하여 더하는 CUDA C 프로그램을 구현하라.

```
#define A(i,j) A[i*N+j]
#define B(i,j) B[i*N+j]
#define C(i,j) C[i*N+j]

__global__ void matAdd(float *A, float *B, float *C)
{
   unsigned int i = blockIdx.x*blockDim.x+threadIdx.x;
   unsigned int j = blockIdx.y*blockDim.y+threadIdx.y;

   C(i,j) = A(i,j) + B(i,j);
}

int main()
{
   float A[N][N], B[N][N], C[N][N];
   float *A_d, *B_d, *C_d;
   dim3 dimBlock(NT, NT);
   dim3 dimGrid((N+dimBlock.x-1)/dimBlock.x,((N+dimBlock.y-1)/dimBlock.y));

   cudaMalloc((void **) &A_d, sizeof(float)*N*N);
   cudaMalloc((void **) &B_d, sizeof(float)*N*N);
   cudaMalloc((void **) &C_d, sizeof(float)*N*N);
```

```
    // copy arrays from host memory to device memory
    cudaMemcpy(A_d, A, sizeof(float)*N*N, cudaMemcpyHostToDevice);
    cudaMemcpy(B_d, B, sizeof(float)*N*N, cudaMemcpyHostToDevice);

    matAdd<<<dimGrid,dimBlock>>>(A_d, B_d, C_d);

    // copy the result back
    cudaMemcpy(C, C_d, sizeof(float)*N*N,cudaMemcpyDeviceToHost);

    cudaFree(A_d);
    cudaFree(B_d);
    cudaFree(C_d);
}
```

프로그램에서 2차원 배열은 1차원 배열을 사용하여 전환하였다. 그리드 변수 dimGrid을 선언할 때의 크기(N + dimBlock.x(y)-1)/dimBlock.x(y))는 N이 NT로 나누어떨어지지 않은 경우를 고려하여 계산한 것이다. 프로그램은 2차원을 사용하는 것을 제외하고 vedAdd()와 유사하다.

Fortran 프로그램은 다음과 같다. 프로그램에서와 같이 Fortran90의 module 기능을 사용하면 커널 함수를 편리하게 사용할 수 있다.

```
 module cuda
   contains
   attributes(global) subroutine matadd(A, B, C)
      real :: A(N,N), B(N,N), C(N,N)
      integer :: I, j
      i = (blockIdx%x-1)*blockDim%x + threadIdx%x
      j = (blockIdx%y-1)*blockDim%y + threadIdx%y
      C(i,j) = A(i,j) + B(i,j)
  end subroutine matadd
end module
```

```
program main
   use cudafor
   use cuda
   ...
  integer, allocatable, device, dimension(:,:) :: A_d, B_d, C_d
  ...
  allocate(A_d(N,N))
  allocate(B_d(N,N))
  allocate(C_d(N,N))
  ...
  A_d = A
  B_d = B
  call matadd<<<dimGrid, dimBlock>>>(A_d, B_d, C_d)
  C = C_d
end program
```

4.2.6 스레드 블록의 공유 메모리

GPU의 공유 메모리는 스레드들이 공유하는 메모리로서 캐시 메모리의 역할을 하기 때문에 프로그램의 성능에 중요한 역할을 한다.

공유 메모리는 다음의 ❶ 혹은 ❷와 같이 설정한다.

❶ 커널 함수의 내부

```
C:
__shared__ float smem[공유메모리의 크기];

Fortran:
real, shared :: smem(공유메모리의 크기)
```

❷ 커널 함수 및 호출 문장(C 프로그램만 가능)

```
extern __shared__ float smem[];
gpu_kernel<<<dimGrid, dimBlock, #공유메모리의 크기)>>>(...);
```

공유 메모리는 스레드 블록이 공유하기 때문에 주로 스레드 블록을 사용하여 원소들을 누적 계산(reduction)하기 위하여 많이 사용된다.

다음은 1차원 행렬의 원소를 모두 더하는 C 프로그램이다.

```
float A[N], sum;
for (i=0; i < N; i++)
   sum = A[i];
```

위 프로그램과 동일한 CUDA C 프로그램은 다음과 같다. 모든 원소를 더하기 위해서 $\log_2 N$ 방식(예제 3.6 참조)을 사용하였으며 배열의 크기와 스레드의 수 N은 2^n(n은 정수)의 형태로 가정한다.

```
__global__ void reduce(float *A, float *sum)
{
   __shared__ float sdata[N];
   unsigned int i = blockDim.x*blockIdx.x+threadIdx.x

   sdata[threadIdx.x] = A[i];

   // do reduce in shared memory
   for(unsigned int s=blockDim.x/2; s>0; s>>=1)
   {
       if (threadIdx.x < s)
           sdata[threadIdx.x] += sdata[threadIdx.x+s];
       __syncthreads();
   }
```

```
int main()
{
   float A[N], *A_d, sum, *sum_d;
   ...
   cudaMalloc(...sum_d, ...1...)
   reduce<<<1, N>>>(A_d, sum_d);
   cudaMemcpy(&sum, sum_d, sizeof(float), cudaMemcpyDeviceToHost);
   ...
}
```

프로그램에서 배열의 크기와 스레드의 수가 같기 때문에 그리드의 크기는 1을 사용하여 커널 함수를 호출하였다. 변수 sum_d는 GPU 커널 함수에서 사용하기 때문에 cudaMallo() 함수를 사용하여 동적 할당하였다.

커널 함수 reduce()는 다음 단계로 실행이 된다.

❶ 스레드의 수와 동일한 크기의 공유 메모리 sdata[N]를 사용하여 배열 A의 원소들을 저장

❷ $\log_2 N$ 만큼 반복하여 공유 메모리의 원소들을 더하여 최종 결과가 공유 메모리 배열의 첫째 원소(sdata[0])에 저장
반복시 __syncthreads()[13] 함수를 호출하여 스레드들의 동기화

❸ 하나의 스레드(threadIdx.x = 0)가 계산 결과인 첫째 원소 sdata[0]를 변수 sum에 저장

다음 그림은 공유 메모리를 사용하여 8개 원소를 3(= $\log_2 8$)번 반복하여 모두 더하는 계산의 예를 보여준다. 프로그램에서는 변수 s를 blockDim.x/2로 초기값을 설정하고 진행하면서 반으로 나누어진다.

13) 커널 밖에서의 동기화 함수는 cudaThreadSynchronize()이다.

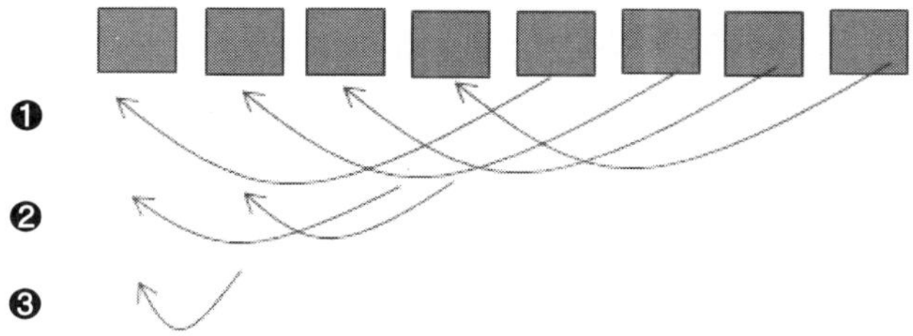

일반적으로는 합을 계산하고자 하는 배열의 크기가 사용하는 스레드의 수보다 크다. 이 경우에는 공유 메모리는 하나의 스레드의 볼록이 공유하기 때문에 각 스레드 블록이 병렬로 배열의 부분합을 구하고 전체의 합은 CPU 함수에서 계산한다.

다음 예제는 데이터의 크기가 스레드의 수보다 많은 경우의 CUDA C 프로그램이다.

◀ 예제 4.3 ▶

1차원 배열 A[N]의 원소를 모두 더하는 원소를 NT 개의 스레드를 사용하여 CUDA C 프로그램을 구현하라. N은 NT로 나누어떨어지고 NT는 2^n의 형태로 가정한다.

```
__global__ void reduce(float *A, float *sum)
{
   __shared__ float sdata[NT];
   unsigned int i = blockDim.x*blockIdx.x+threadIdx.x

   sdata[threadIdx.x] = A[i];

   // do reduce in shared memory
   for(unsigned int s=blockDim.x/2; s>0; s>>=1)
   {
       if (threadIdx.x < s)
           sdata[threadIdx.x] += sdata[threadIdx.x+s];
       __syncthreads();
   }
```

```
    // write result for this block to global memory
    if (threadIdx.x == 0) sum[blockIdx.x] = sdata[0];
}

int main()
{
    float A[N], *A_d, *sum, *sum_d, redult;
    dim3 dimBlock(NT);
    dim3 dimGrid((N+dimBlock.x-1)/dimBlock.x);
    …
    cudaMalloc(…sum_d, …dimGrid.x…)
    reduce<<<dimGrid, dimBlock>>>(A_d, sum_d);
    // copy the computed array to host memory
    sum = (float *)malloc(dimGrid.x*sizeof(float));
    cudaMemcpy(sum, sum_d, dimGrid.x*sizeof(float),
             cudaMemcpyDeviceToHost);
    // add all sum values
    for (i=0; i<dimGrid.x; i++)
        result += sum[i];
    …
}
```

계산 도메인의 크기가 스레드의 수보다 크기 때문에 각 스레드 블록에서 공유 메모리를 사용하여 계산한 부분합을 저장하여야 한다. 따라서 이 값들을 저장하기 위한 배열 sum_d (커널 함수에서는 sum)의 크기는 블록의 수(dimGrid.x)와 같으며 계산된 부분합은 blockIdx.x 값을 사용하여(볼드체) 순차적으로 저장하였다.

GPU에서 계산이 완료되면 GPU 메모리의 부분합 배열 sum_d를 컴퓨터 시스템의 메모리 변수 sum에 복사한 후 CPU를 사용하여 모두 더하면 최종적인 계산이 완료된다. 다음 그림은 dimGrid.x가 3이라고 가정하고 GPU와 CPU의 두 단계에 의하여 계산이 되는 과정을 보여준다.

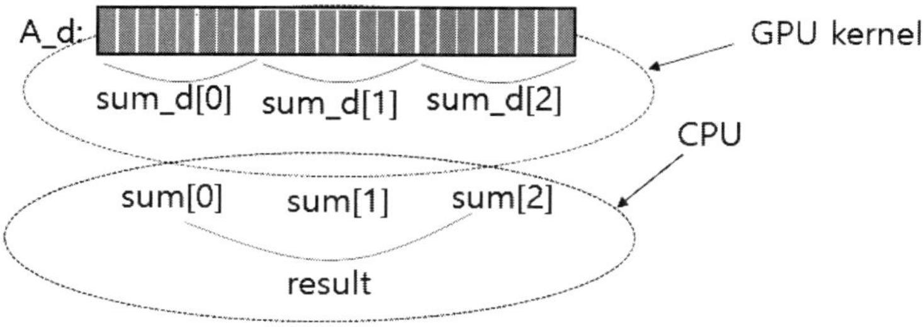

다음은 CUDA Fortran 프로그램이다.

```
attributes(global) subroutine reduce(A, sum)
real :: A(N)
real, shared :: sdata(NT)
integer :: i, s
i = (blockIdx%x-1)*blockDim%x + threadIdx%x
sdata(threadIdx%x) = A(i)

    do while (s .ne. 1)
       if (threadIdx%x < s) then
           sdata(threadIdx%x) = sdata(threadIdx%x)
  1                               + sdata(threadIdx%x+s)
       endif
       call syncthreads()
       s = s/2
     enddo
     if (threadIdx%x .eq. 0) sum(blockIdx%x) = sdata(1)
    end subroutine reduce

program main
...
real, allocatable, device, dimension(:) :: A_d, sum_d
type(dim3) dimGrid, dimBlock
dimBlock = dim3(NT,1,1)
dimGrid = dim3(N+dimBlock%x,,1,1)
...
```

```
allocate(A_d(N))
allocate(sum_d(NT))
...
A_d = A
call reduce<<<dimGrid, dimBlock>>>(A_d, sum_d)
sum = sum_d

do i=1; i<dimGrid%x
   result = redult + sum(i)
enddo
...
deallocate(A_d)
deallocate(sum_d)
end program
```

4.2.7 실행 시간의 측정

GPU 함수는 컴퓨터 시스템에서 호출하지만 CPU와는 독립적으로 실행된다. 따라서 GPU 커널 함수를 호출하기 이전과 이후의 경과 시간으로 실행 시간을 측정하면 프로그램에서 커널 함수의 결과를 기다리지 않기 때문에 측정 시간이 0이 된다. 따라서 GPU 함수의 계산 시간을 측정하기 위하여 event를 사용하여 커널 함수의 종료를 기다린다. 다음은 event 관련 함수들의 사용 방식이다. Fortran 프로그램에서는 함수의 반환값을 저장하는 매개변수를 사용해야 한다.

❶ 변수 선언

```
float elapsed_time;
cudaEvent_t start, stop;
```

❷ start와 stop 변수를 사용하여 시작과 끝을 알리는 event 생성

```
cudaEventCreate(&start);
cudaEventCreate(&stop);
```

❸ 위에서 생성된 event를 사용하여 커널 함수의 실행(경과) 시간을 측정

```
cudaEventRecord(&start, 0);
커널 함수();
cudaEventRecord(&stop, 0);
```

❹ 끝 event를 동기화

```
cudaEventSynchronize(stop);
```

❺ start와 stop event를 사용하여 실행 시간 elapsed_time을 계산

```
cudaEventElapsedTime(&elapsed_time, start, stop);
```

커널 함수의 시간 측정 예제는 다음 절의 프로그램에서 보여준다.

4.3 사다리꼴 공식을 사용하여 원주율(π)을 계산하는 CUDA 프로그램

이 절에서는 2.6절과 3.11절에서 소개했던 적분식을 이용하여 원주율 π의 값을 계산하고 실행 시간을 측정하는 프로그램을 CUDA C 프로그램으로 설명한다. 프로그램은 다음과 같다.

```
#include <stdio.h>
#include <stdlib.h>
#include <math.h>

#define N 1000000
#define RADIUS 100

#define THREADS 32
```

```
__global__ void circle_kernel(float *areas)
{
   int i = blockDim.x*blockIdx.x+threadIdx.x;
   __shared__ float sdata[THREADS];

   float w, x, y;

   w = (float)RADIUS/(float)N;
   x = (float)i*w;
   y = sqrt(fabs((float)(RADIUS*RADIUS)-x*x));

   sdata[threadIdx.x] = w * y;

   // do reduce in shared memory
   for(unsigned int s=blockDim.x/2; s>0; s>>=1)
   {
      if (threadIdx.x < s) sdata[threadIdx.x] += sdata[threadIdx.x+s];
      __syncthreads();
   }
   // write result for this block to global memory
   if (threadIdx.x == 0) areas[blockIdx.x] = sdata[0];
}

int main()
{
   float area, *areas, *areas_d;
   int i;
   float elapsed_time;
   cudaEvent_t start, stop;

   dim3 dimBlock(THREADS);
   dim3 dimGrid((N+dimBlock.x-1)/dimBlock.x);

   cudaEventCreate(&start);
   cudaEventCreate(&stop);
```

```
    cudaEventRecord(&start, 0);

    cudaMalloc((void **) &areas_d, sizeof(float)*dimGrid.x);
    circle_kernel<<<dimGrid, dimBlock>>>(areas_d);

    // copy values from GPU memory to CPU memory
    areas = (float*)malloc(sizeof(float)*dimGrid.x);
    cudaMemcpy(areas, areas_d, sizeof(float)*dimGrid.x,
               cudaMemcpyDeviceToHost);

    // add the computed value to the value of pi
    area = 0.0;
    for (i=0; i<dimGrid.x; i++)
        area += areas[i];

    cudaEventRecord(&stop, 0);
    cudaEventSynchronize(stop);
    cudaEventElapsedTime(&elapsed_time, start, stop);

    printf("%f %f₩n", area*4, elapsed_time);

    cudaFree(areas_d);
    free(areas);
    exit(0);
}
```

프로그램에서는 스레드 블록별로 부분 면적을 계산한 후에 모두 더한 값이 최종 면적이 되기 때문에 각 스레드 블록에서 계산한 면적을 저장하기 위한 배열 변수 area_d와 이 결과를 CPU로 계산하기 위하여 변수 areas를 사용하였다.

적분값을 계산하기 위하여 dx(w)는 RADIUS를 N으로 나눈 값을 사용하였고 x는 각 블록의 첫 값인 I * w로 지정하였다. 스레드 블록에서는 계산값을 모두 더하기 위하여 공유 메모리를 사용하여 $\log_2$(THREADS) 만큼 반복하였다.

GPU에서는 모든 스레드 블록들이 부분 면적값을 계산하여 areas_d를 저장하였다. GPU에서 계산을 마치면 areas_d 배열을 호스트의 배열 areas에 복사한 후에 areas의 원소를 모두 더하여 최종 면적을 계산하였다. 끝으로 cudaEvent를 사용하여 측정한 계산 시간과 면적을 출력하였다.

다음은 Fortran 프로그램이다.

```
      module cuda
        contains
        attributes(global) subroutine circle(areas)
        real :: areas(N), w, x, y
        real, shared :: sdata(NT)
        integer :: i, s
        i = (blockIdx%x-1)*blockDim%x + threadIdx%x

        w = real(RADIUS)/real(N)
        x = real(i*w)
        y = sqrt(abs(real(RADIUS*RADIUS)-x*x))
        sdata(threadIdx%x) = x * y

        do while (s .ne. 1)
c       do s=blockDim%x/2, 1
          if (threadIdx%x < s) then
            sdata(threadIdx%x) = sdata(threadIdx%x)
     1                     + sdata(threadIdx%x+s)
          endif
          call syncthreads()
          s = s/2
        enddo
        if (threadIdx%x .eq. 0) areas(blockIdx%x) = sdata(1)
        end subroutine circle
       end module cuda

      program main
       use cudafor
```

```
use cuda
real :: area, areas(N)
real, allocatable, device, dimension(:) :: areas_d
real :: elapsed_time
integer :: err
type(cudaEvent) :: start, stop
type(dim3) :: dimBlock, dimGrid
dimBlock = dim3(THREADS,1,1)
dimGrid = dim3((N+dimBlock%x-1)/dimBlock%x,1,1)

err = cudaEventCreate(start)
err =  cudaEventCreate(stop)
err = cudaEventRecord(start, 0)

allocate(areas_d(NT))
call circle<<<dimGrid, dimBlock>>>(areas_d)
areas = areas_d

area = 0.0
do i=1, i<dimGrid%x
   area = area + areas(i)
enddo

err = cudaEventRecord(stop, 0)
err = cudaEventSynchronize(stop)
err = cudaEventElapsedTime(elapsed_time, start, stop)

print*, area*4, elapsed_time
deallocate(areas_d)
end program
```

연습문제

1. 다음 프로그램을 실행하고 시간을 측정하는 CUDA 프로그램으로 구현하라. 사용할 수 있는 스레드의 수는 100이다.

```
float A[N], X[N], Y[N], a;
for (i=0; i<N; i++)
    A[i] = a* X[i]+Y[i];
```

2. 2개의 배열 A[N]과 B[N]을 크기가 2배인 배열 C[2 * N]으로 병합하는 CUDA 프로그램을 구현하라.

3. 크기가 20×30인 2차원 배열을 다음과 같이 초기화하는 CUDA 프로그램을 구현하라. 사용할 수 있는 스레드의 수는 10×10이다.

(1)

0	1	⋯	29
30	31	⋯	59
60	61	⋯	89
⋮	⋮	⋮	⋮
570	571	⋯	599

(2)

0	20	⋯	580
1	21	⋯	581
2	22	⋯	582
⋮	⋮	⋮	⋮
19	39	⋯	599

4. 크기가 20×30인 2차원 배열(행렬)의 전치행렬(transposed matrix)을 10×10개의 스레드를 사용하여 구하는 CUDA 프로그램을 구현하라.

5. 스레드 블록의 공유 메모리를 사용하여 1차원 배열을 배열의 크기와 같은 수의 스레드를 사용하여 오름차순으로 정렬하는 CUDA C 프로그램을 구현하라.

6. 예제 4.3을 참고로 하여 스레드 블록의 공유 메모리를 사용하여 1차원 배열에서 최대값을 찾는 CUDA C 프로그램을 구현하라. 스레드의 수는 2^n(n은 정수)의 형태로 가정한다.

(1) 배열의 크기가 스레드 수와 같을 경우

(2) 배열의 크기가 스레드 수의 배수인 경우

7. 다음 프로그램을 CUDA 프로그램으로 구현하라. 스레드의 수는 2^n(n은 정수)의 형태로 가정한다.

```
dotprod = 0.0;
for (i=0; i < N; i++)
    dotprod += A[i] * B[i];
```

찾아보기